쿠쉬나메

페르시아 왕자와 신라 공주의 천 년 사랑

KUSHNAMEH
An Persian Epic
Love Story of Persian Prince and Silla Princess

by Prof.Lee, Hee Soo
Dr.Daryoosh Akbarzadeh

이 책은 외교부 '공공외교 역량강화사업' 지원으로 출간되었음

쿠쉬나메

페르시아 왕자와 신라 공주의 천 년 사랑

이희수(한양대 교수)
다르유시 아크바르자데(이란 아자드대 교수)

청아출판사

왕의 즉위식 이란 골레스탄 왕궁(Golestan Palace) 박물관 소장

전투 이란 골레스탄 왕궁(Golestan Palace) 박물관 소장

시야보쉬와 아프라시얍의 사냥 장면 이란 레자 아바시(Reza Abbasi) 박물관 소장

쿠쉬나메 발굴 드라마

쿠쉬나메 발굴. 그것은 한마디로 기적이었다. 2009년 10월경 나는 평소 잘 알고 지내던 이란 국립박물관의 다르유시 아크바르자데(Daryoosh Akbarzadeh) 박사로부터 한 통의 메일을 받았다. 고대 페르시아 구전 서사시인 쿠쉬나메에 '바실라(Basilla)'라는 명칭이 무수히 등장하는데, 아무래도 고대 한국의 왕국 신라일지도 모른다는 것이었다. 그러면서 전공자인 내가 확인해 주었으면 좋겠다고 했다. 학기 중이라 학교를 비울 수 없어 다시 연락을 취해 미안하지만 '바실라'가 나오는 내용 전후에 중국을 뜻하는 '친(Chin)'이나 '씬(Sin)'이란 단어가 나오는지 확인해 알려 달라고 부탁했다. 곧 답신이 왔다. 바실라가 언급되는 부분 전후에 '친(Chin)'이나 중국의 주변부를 가리키는 '마친(Machin)'이란 용어가 빈번하게 등장한다고 분석 결과를 알려 주었다. 나는 흥분을 감추지 못했다. 만약 바실라가 한국의 신라를 의미한다면 이건 보통 일이 아니었기 때문이다.

바로 테헤란으로 날아갔다. 공항에서 국립박물관으로 내달아 다르유시 박사가 기다리는 방에서 곧바로 쿠쉬나메를 함께 읽으며 토론을 해 나갔다. '바실라'가 고대 한국의 신라를 의미하는 고대 페르시아 용어임이 분명해졌고, 전체 800여 페이지 중 신라 부분만 400페이지, 관련 내용까지 합치면 500여 페이지에 달하는 엄청난 내용이었다. '한-이슬람 교류사'를 공부한 지 30년 만에 찾아온 행운이었다. 그것은 한국 고대사, 무엇보다 한계에 봉착한 신라 역사 연구에 새로운 지평을 열어 줄 수 있는 쾌거였다.

그런데 당시 국내에는 불행히도 고대 페르시아 필사본을 우리말로 바로 옮길 수 있는 전문가가 없었다. 아랍어를 조금 배우기는 했지만 내가 도저히 감당할 수 없는 작업이었고, 이란학을 전공하는 몇몇 소장학자들과 접촉해 보았지만 여러 사정으로 고사한다는 대답을 들었다.

그래서 고대 페르시아 언어나 서사시를 전공하는 최고의 이란 학자들을 모셔서 바로 영어로 번역하기로 결정했다. 단순한 번역보다는 너무나 복잡한 지명과 인명, 역사와 신화가 뒤범벅된 쿠쉬나메를 정교하게 해석하고 비교 분석해야 하는 연구는 고도의 훈련과 지식을 필요로 하는 작업이었다.

더욱이 다른 나라 학자들이 본격적인 연구를 시작하기 전에 우리가 선점하고 싶은 학문적 욕구도 있었다. 당시 국내 포털 사이트는 물론, 구글(google.com)에 'Kushnameh'라는 단어를 검색하면 '검색 결과 없음'이 나올 정도로 전혀 새로운 사실이었다(학계 발표와 언론 보도 후 지금은 수백만 건의 쿠쉬나메 검색어가 분류된다).

개인적으로는 1984년 2월 이란-이라크 전쟁이 한참일 때 이란을 첫 방문한 후, 30년 가까운 세월 동안 이란 학자들과 맺어 온 오랜 인연의 결실이자 2006년부터 본격적으로 시작된 한양대 문화재연구소와 이란 국립박물관과의 학문적 협력과 교류의 결과라 더욱 큰 보람과 행복을 느낀다.

쿠쉬나메 연구를 본격적으로 시작한 지 4년. 이제 어느 정도 내용의 윤곽을 잡았고, 국내 학술지에 3편의 논문을 발표함으로써 쿠쉬나메는 우리 모두의 연구 자산이 되었다. 이란 연구랩(Lab) 책임자인 아크바르자데 박사도 국제 저널에 쿠쉬나메 관련 논문을 발표하여 국제적 관심을 불러일으키고 있다.

2013년 8월에는 영국 국립도서관(The British Library)을 직접 방문하여 오랜 설득 끝에 담당 큐레이터로부터 쿠쉬나메 필사본 원본을 확보하여 그간의 번역을 검증하고 인쇄본의 오류를 수정할 수 있는 과정도 거쳤다.

쿠쉬나메 연구는 지극히 초기 단계이다. 800여 페이지에 달하는 전체적인 맥락 속에서 신라에 대한 묘사 부분이 이해되어야 하고, 역사와 신화가 혼재된 스토리 분석을 통해 사실 여부를 가리는 험난한 과정이 남아 있다. 특히 원본과 인쇄본의 비교와 대조를 통해 차이가 나는 오류 하나하나를 확인해야 하는 과정도 숙제로 남아 있다.

내용 분석에서도 페르시아어로 기술된 신라의 인명과 지명 하나의 고증에도 몇 년이 걸릴지 모르는 일이고, 우리 기록에 전혀 없는 페르시아 왕자의 신라 진출과 신라 공주와의 결혼, 페르시아 두뇌 집단들의 신라 사회에 대한 공헌 등은 여러 전문가들의 학제 간 연구로써 조금씩 실체에 접근해 갈 수 있을 것이다.

880년경 신라 헌강왕 때 개운포(울산)에 도착한 이방인인 '처용' 관련 국내 논문만 300편이 넘었어도 아직도 처용의 실체에 관해 다양한 논의들이 난무하고 있는 것을 보면 쿠쉬나메의 갈 길이 결코 간단치 않음을 예고해 준다.

그럼에도 쿠쉬나메는 고대 한국 문화의 글로벌 다양성을 입증해 주고, 사료의 한계로 오랫동안 정체되어 있는 삼국 시대와 통일 신라 시대 한국 역사를 새롭게 개척해 줄 수 있는 유용한 자료임에 틀림없다. 이 책의 출판으로 더 많은 관심과 지원이 이어져 쿠쉬나메 연구 프로젝트가 환한 빛을 발할 수 있기를 고대한다.

2013년 12월 세모에

이 희 수

한양대 문화인류학과 교수

쿠쉬나메 국제연구랩 한국 측 책임자

쿠쉬나메 연구 지원과 연구진

이 책은 외교부 '공공외교 역량강화사업'의 지원으로 출간되었다. 쿠쉬나메가 한국-이란 문화 교류 증진은 물론, 양국 간 미래 지향적 상징으로서의 의미를 지니고 있음을 깨닫고 이 연구 프로젝트를 적극적으로 지원해 준 주이란 한국대사관의 송웅엽 대사님과 김중식 홍보관님, 대한민국 외교부에 먼저 깊은 감사를 표한다. 지난 4년간 불모의 연구 풍토에서 이 연구의 중요성을 인식하고 묵묵히 연구비를 지원해 주신 후원자도 이제는 밝히고 싶다. 특히 (주)자강산업의 민남규 회장님과 (주)가람 컴퍼니의 문규철 대표께 남다른 감사를 전한다. 아무 조건도 없이 거액의 연구비를 한양대학교 발전기금으로 쾌척해 주셔서 이란 연구자들에게 번역비를 지원해 주며 난해하고 방대한 작업을 완성할 수 있게 해 주셨다.

이 연구는 전적으로 이란 국립박물관 관장이던 다르유시 아크바르자데 박사의 공헌이다. 당시 바실라(Basilla)를 일본으로 간주하는 학계의 오류를 지적하고 철저한 학문적 논증으로 신라임을 밝혀냈고, 필자와의 오랜 공동 연구와 번역 작업을 진두지휘하면서 오늘의 결실을 가져다주었기 때문이다.

또한 많은 국내외 학자들이 쿠쉬나메 연구 프로젝트에 헌신했다. 지난 4년간 서울과 테헤란을 오가면서 9차례의 쿠쉬나메 국제 학술대회를 통해 수십 명의 관련학자들이 학문적 비판과 새로운 아이디어를 보태 주었다. 삼국유사를 전공하는 한양대학교 고운기 교수는 쿠쉬나메의 신라 부분 내용 분석을, 테헤란 대학에서 언어학을 전공한 한국외국어대학교의 곽새라 박사는 페르시아 원문과 한국어 번역의 대조 및 검수를, 영문학을 전공하는 최안토니오 박사와 인류학을 전공하는 문혜진 박사는 영어 번역과 한국어 번역의 대조 및 검수를 각각 맡아 주었다. 모든 실무를 맡아 연구 활동을 지원해 준 것은 최진 연구원의 몫이었다.

이 연구를 통해 밝혀진 또 다른 고무적인 소식은 쿠쉬나메 이외에도 페르시아어로 기술된 수십 종의 신라 관련 필사본이 새롭게 확인되었다는 점이다. 다르유시 아크바르자데 박사와 테헤란 대학 역사학과의 모함마드 보수기 교수 등이 이 분야 연구를 필자와 함께 진행하고 있다. 앞으로도 우리 연구자를 기다리는 의미 있는 작업들이 이처럼 산적해 있다. 이를 위한 장기적인 연구비의 지원도 절실한 편이다.

화보 페르시아 세밀화의 세계 · 4

글머리 쿠쉬나메 발굴 드라마 · 7
         쿠쉬나메 연구 지원과 연구진 · 11

1. 쿠쉬나메란 어떤 책인가 · 16

   쿠쉬나메 발견의 의의 | 쿠쉬나메의 성격과 편찬 구성 | 쿠쉬나메의 역사적 배경

2. 쿠쉬나메 전체 내용 개요 · 28

   전편 | 후편

3. 쿠쉬나메 신라 부분 내용 개요 · 38

4. 쿠쉬나메 신라 부분 원본 번역 · 44

   산상 전투에서 아비틴이 중국을 물리치다 | 아비틴이 행인에게 쿠쉬의 군대에
   대해 물어보다 | 아비틴이 바하크에게 서신을 쓰다 | 아비틴에게 보내는 바하
   크의 서신과 답신 | 중국와의 귀환, 태후르 왕에게 아비틴의 망명 | 아비틴에게
   보낸 태후르의 전갈 | 아비틴과 태후르의 만남 | 바실라 도시에 대한 묘사 | 사
   냥터에서 아비틴과 태후르 | 태후르 왕국의 말 사육 | 태후르의 연회 | 아비틴
   이 태후르를 깨우치다 | 두 도시에 대한 묘사 | 중국 왕이 콤단에 도착해 도시
   를 정비하다 | 중국 왕이 바하크에게 보낸 서신과 답신 | 쿠쉬가 태후르의 영토

를 포위하러 가다 | 태후르에게 보내는 코끼리 이빨 쿠쉬의 서신 | 쿠쉬에게 보낸 답신 | 쿠쉬가 국경에 있는 성을 공격하다 | 쿠쉬의 패배 | 쿠쉬가 아버지에게 보낸 전갈과 그 답신 | 쿠쉬가 아버지의 서거를 전해듣다(쿠쉬가 왕위를 계승하다) | 태후르와 아비틴이 중국 왕의 서거를 전해 듣다 | 코끼리 이빨 쿠쉬가 누샨을 대신으로 택하다 | 자하크에게 보내는 쿠쉬의 서신 | 자하크가 코끼리 이빨 쿠쉬에게 보내는 답신 | 다이힘을 보내 바하크에게 전갈을 전하다 | 코끼리 이빨 쿠쉬가 자하크에게 가다 | 자하크 왕의 환우와 그의 어깨 위에서 자라는 두 마리의 뱀 | 뱀왕 자하크를 인도인 의사가 치료하다 | 다이힘이 바하크의 영토를 약탈하다 | 바하크가 태후르와 아비틴에게 서신을 쓰다 | 아비틴이 전쟁 준비를 하다 | 아비틴이 밤에 바다를 건너다(그리고 중국을 격파하다) | 태후르 왕에게 보내는 아비틴의 서신 | 아비틴의 중국 원정과 콤단 도시의 정복 | 쿠쉬에게 보내는 누샨의 서신 | 콤단 시의 기근으로 백성들이 극단의 상황으로 내몰리다 | 아비틴에게 보낸 전갈과 그의 답신 | 마친 왕 태후르가 아비틴에게 보내는 서신 | 아비틴의 중국 도시 점령기 | 쿠쉬가 아비틴의 승리를 전해 듣다 | 쿠쉬가 중국으로 돌아가다(그리고 아비틴과 싸우다) | 아바틴의 승리, 전리품을 바다로 가져가다 | 쿠쉬와 누샨의 대화 | 쿠쉬가 바하크에게 서신을 쓰다 그리고 바하크의 답신 | 의심, 바하크의 탈출, 죽음 | 쿠쉬는 자하크에게 서신을 보내 바하크의 죽음을 통보하다 | 중국에서 쿠쉬의 잔학함 | 아비틴이 바실라 태후르 왕에게 돌아오다 | 아비틴이 프라랑과 사랑에 빠지다 | 아비틴과 태후르가 폴로 경기를 하다 | 아비틴과 태후르의 연회 | 태후르가 아비틴에게 지식에 관해 질문하다 | 아비틴이 점성술을 이용하여 신점을 보다 | 아비틴이 태후르의 딸에게 청혼하다 | 아비틴이 프라랑을 선택할 방도를 묻다 | 아비틴이 프라랑을 선택하다 | 아비틴의 프라랑 간택을 태후르 왕이 포고하다 | 선물을 보내다 | 아비틴이 그의 연인과 결혼하다 | 아비틴이 꿈을 꾸다 | 아비틴과 태후르, 늙은 뱃사공의 대화 | 해로를 통한 아비틴의 귀환 | 아비틴이 메마른 땅에 도착하다 | 프라랑의 임신과 페리둔의 탄생 | 아비틴의 꿈 | 쿠쉬가 자하크에게 아비틴이 이란으로 떠났음을 알리다 | 아비틴이 암살당하다 | 쿠쉬가 중국 도시들에게 소

녀들을 요청하다 | 쿠쉬의 딸의 죽음과 왕의 눈물 | 쿠쉬가 태후르에게 서신을 써서 그를 속이다 | 태후르가 속아서 쿠쉬와 동맹을 맺다 | 태후르의 사신이 쿠쉬와 동맹을 맺다 | 태후르와 쿠쉬가 서로 선물을 보내다 | 쿠쉬가 태후르를 속이다 | 바실라에 대한 쿠쉬의 승리 | 태후르의 책략, 쿠쉬에게 보내는 전갈, 쿠쉬의 답신 | 태후르의 바실라 귀환 | 쿠쉬가 산과 바실라에 대해 묻다 | 쿠쉬의 바실라 점령 | 쿠쉬가 아비틴과 그의 두 아들의 암살 소식을 전해 듣다 | 자하크가 페리둔에게 잡혔다는 소식을 듣고 쿠쉬가 도주하다 | 쿠쉬와 중국인들을 쫓다 | 페리둔의 승리, 자하크의 감금에 대해 아버지에게 보내는 프라랑의 서신 | 태후르가 전능하신 신에게 기도하다 | (바실라 섬으로부터) 태후르의 출정과 중국 및 마친의 점령 | 태후르 왕의 사람들과 가람이 왕이 되다 | 페리둔의 왕국과 태후르에게 보내는 그의 서신 | 가람이 페리둔에게 선물을 보내며, 해양 말들을 극찬하다 | 페리둔의 서신에 대한 가람의 답신 | 페리둔에게 간 가람의 사신 | 가람의 서신에 대한 답신과 선물을 보내다 | 나스투흐의 트란속시아나로의 출정 | 페리둔의 선물이 가람에게 도착하여 나스투흐와 합류하다 | 쿠쉬가 나스투흐에게 일격을 가해 쿠쉬가 상처 입고 이란인들이 패하다

맺음말 쿠쉬나메 연구의 향후 과제 · 286

1.

쿠쉬나메란
어떤 책인가

쿠쉬나메는 7세기 중엽 통일신라 전후의 신라를 다룬 페르시아 구전 서사시이다. 이슬람 이전 시기 영웅 서사시의 형태를 띠고 있으며, 오랫동안 구전으로 내려오던 페르시아의 전통적인 서사시이다. 쿠쉬나메에서 '쿠쉬'는 인명(人名)이며, '나메'는 페르시아어로 '서적(圖書)'을 통칭한다. 따라서 쿠쉬나메는 쿠쉬라는 주인공을 다룬 저서, 즉 '쿠쉬의 책'이다.

일반적으로 페르시아 서사시의 제목으로 선과 정의의 화신인 영웅의 이름을 따는 경우가 많이 있지만, 쿠쉬나메의 쿠쉬는 폭압자이고 기이한 용모를 지닌 악의 대상으로 존재한다. 이 점이 쿠쉬나메의 독특한 설정이다.

두 편으로 나뉜 이 서사시에는 쿠쉬라는 이름을 지닌 두 명의 주인공이 등장한다. 전편의 쿠쉬는 바그다드에 도읍한 아랍의 왕(Tazikan)이고, 후편의 쿠쉬는 중국과 주변국인 마친(Machin)의 왕이다. 또한 전편은 후편을 위한 도입부이며, '바실라(Basilla)', '신라(Silla)' 등으로 표기된 신라 부분은 후편에 속한다.

쿠쉬나메는 이란에서도 거의 연구가 이루어지지 않은 책으로, 이란 서사시의 집대성인 샤나메에 필적하는 주요한 자료로 평가되고 있다.

쿠쉬나메 발견의 의의

　신라 관련 내용을 담은 고대 페르시아어 서사집인 쿠쉬나메의 발견은 신라와 서아시아 교류사에 한 획을 긋는 의미 있는 사건이다. 지금까지 18명의 아랍-페르시아인 학자들이 편찬한 총 23권의 각종 역사서, 지리서, 백과사전, 풍물지 등에 신라가 부분적으로 언급되었고, 이 내용들은 이미 1970년대 이후 재미학자 Chung Ki-Won*, 김정위, 이희수, 정수일 등의 한국 학자들에 의해 우리 학계에 소개되었으며, 상당 부분 논의되어 왔다.** 그러나 페르시아 문헌으로 된 신라 관련 자료는 극히 제한되어 있었다. 아랍 사료들이 대부분 통일신라 시대 한반도와 아랍 세계 간의 해상 교역 관계를 주로 다루는 데 비해, 쿠쉬나메는 삼국 시대 후반인 7세기 중엽 사산조 페르시아 시대의 정치적 상황을 광범위하게 다루

---

* Chung Ki-won/Hourani,G.F., "Arab Geographers on Korea" JAOS,Vol 58. 1938
** 이희수, 2012,《이슬람과 한국문화》참조

고 있다. 따라서 쿠쉬나메의 발굴과 해제는 신라와 사산조 페르시아의 정치적 관계는 물론, 한반도와 이슬람 초기 서아시아와의 새로운 관계 정립을 위한 유용한 내용들을 담고 있어 고대 실크로드를 통한 문화 교류, 나아가 신라의 대외 관계 연구에 새로운 지평을 열어 줄 것으로 기대된다.

따라서 쿠쉬나메의 정확한 내용 분석과 역사 사료로서의 편입 작업은 정체해 있는 우리 학계의 고대사 연구에 신선한 자극을 줄 수 있을 것이다.

쿠쉬나메의 성격과 편찬 구성

페르시아 문학에서 서사시 전통은 매우 중요한 위치를 차지하는데, 주로 이슬람 이전부터 페르시아 시대까지에 초점을 맞추고 있다. 그러다가 16세기 이후 사파비 왕조를 거치면서 서사시 전통이 점차 약화된다고 볼 수 있다.

페르시아 서사시를 주제별로 분류해 본다면 세 부류이다. 첫째 이슬람 이전 시기의 역사, 둘째 역사적 인물이나 통치자들을 상정한 영웅 서사시, 셋째 이슬람 시기의 주요한 종교적 인물 등을 다룬 내용들이 중심이 된다. 특히 이슬람 이전 시기의 아케메네스 페르시아나 사산조 페르시아 시대의 영웅 이야기가 가장 중요한 구전 서사시 형태를 이루는데, 대표적인 서사시가 왕서(王書)로 잘 알려진 '샤나메(Shahnameh)'이다.* 쿠쉬나메도 역사 서사시 주류

---

* Davis 2006 :232

전통에 속하는 이슬람 이전 시기 영웅 서사시의 형태를 띠고 있으며, 저자도 샤나메의 저자인 페르도우시(Ferdowsi)*의 집필 전통을 충실히 답습하고 있다.

이란 내에서도 가장 중요한 구전 서사시로 평가받는 쿠쉬나메는 총 10,000쿠플레(對句)가 넘는 방대한 양이다.** 수백 년 동안 구전으로 전승되던 쿠쉬나메는 10세기 이후 중국 종이 사용의 보편화로 11세기경의 이란 학자인 이란샤 이븐 압달 하이르(Iran-shah Ibn Abdal Khayr)에 의해 필사되고 편찬되어 오늘까지 내려오게 되었다.

쿠쉬나메의 연대 추정은 이란샤가 집필한 다른 책 '바흐만나메(Bahman-nameh)'를 통해 가능하다. 바흐만나메는 로스탐(Rostam)에 의해 살해된 에스판드야르(Esfandyar) 왕자의 아들 이야기를 다루고 있는 서사시다(Davis :233). 이로써 저자인 이란샤는 페르도우시의 시작(詩作) 방식과 샤나메***의 표현 형식을 따르고 있음

---

* 10~11세기 이란의 저명한 시인으로 샤나메의 저자로 잘 알려져 있다. 원래 이름은 Hakīm Abu'l-Qāsim Firdawsī Tūsī 이다.
** Matini의 편찬 본에는 총 10,120 쿠플레로 구성되어 있다.
*** 샤나메는 '왕의 책'이며, 서기 1000년경 페르도우시가 편찬한 이란의 가장 방대한 민족적 서사시이다. 약 6만 개 장으로 이루어진 이 대서사시는 우주의 창시부터 고대 페르시아 제국의 역사와 영웅들의 이야기, 7세기 아랍의 침공으로 페르시아가 멸망하는 시기까지의 내용을 주로 담고 있다. 샤나메는 페르시아 고전 문학의 중심을 이루고 있으며, 이란 문화와 문화적 정체성을 이루는 근간이 되는 작품이다.

을 알 수 있다. 로스탐은 페르도우시의 샤나메에 등장하는 가장 전형적인 고대 페르시아의 영웅이며, 그에 필적하는 또 다른 서사시 영웅이 바로 에스판드야르이기 때문이다. 물론 저자 자신은 쿠쉬나메 편찬 과정에서 페르도우시의 이름을 명시적으로 언급하고 있지는 않다.

현재 쿠쉬나메의 필사본 원본은 영국 국립도서관에 소장되어 있으며,* 총 243페이지에 달하는 귀중본 컬렉션 목록으로 취급되고, 그중 쿠쉬나메는 41~132페이지 부분을 차지한다. 그리고 각 페이지는 6개 장에 99개 쿠플레로 구성되어 있다. 202~213페이지에는 반 페이지에 걸쳐 그림을 그려 놓기도 했다.

필사본을 복사한 인물의 이름은 모함메드 이븐 사이드 이븐 압달라 알 까다리(Mohammed Ibn Said Ibn Abdullah al Qadari)인데, 그의 이름이 맨 마지막 페이지에 기록되어 있다. 쿠쉬나메의 유일한 판본인 이 복사본은 히즈라 8세기경(AD 14세기)의 것으로 짐작된다. 페르시아 필사본들은 통상 여러 개의 복사본이 존재하는데** 쿠쉬나메의 경우 다행스럽게도 히즈라 8세기 복사본이 유일본으로

---

* Library of British Museum, No. OR. 2780, London. This manuscript was belonged to "Cont Rthur de Gobineau", French writer (and politician).
** 이란의 대표적인 책인 샤나메도 현재 모스크바판본, 카이로판본, 베를린판본 등 여러 복사본이 존재한다.

전해진다.

쿠쉬나메에서 신라를 중점적으로 다루는 부분은 1998년 Matini 교수의 편찬본 기준으로 전체 10,129절 중에서 2011절에서 5925절 사이를 구성한다. 한 페이지는 20개 정도의 절로 구성되어 있어, 신라 관련 내용이 상당한 분량임을 알 수 있다. 5925절 이후의 내용도 주인공 쿠쉬의 종말과 관련된 내용들이기 때문에 전체적인 내용 파악을 위해 일독할 필요가 있다.

쿠쉬나메의 역사적 배경

이 서사시의 중심인물인 쿠쉬는 실존 인물이라기보다는 구전상의 영웅이다. 7세기 중엽 아랍의 침공을 받아 멸망한 사산조 페르시아의 마지막 왕자였던 피루즈(Firuz)가 활동하던 시기와도 연계가 된다.

사산조 페르시아의 이란인들은 637년 카디시야 전투에서 아랍군에 패배한 뒤, 수도 크테세폰의 점령을 목격한다. 그러나 사산조 페르시아의 마지막 황제 야즈데기르드(Yazdegird)는 내륙 아시아의 투르크 공국으로 피신하여 몸을 의지한다. 이란인들이 거주하던 이라크 전역도 아랍인의 수중에 떨어지자, 사산조 페르시아 제국의 수많은 이란계 공국들은 사막과 산악이라는 험난한 지형을 이용하여 아랍과 오랫동안 대치하였다. 물론 641년 모술 점령에 이어, 644년 니하반드, 하마드한, 라이, 이스파한 등 이란의 주요 도시들이 하나씩 아랍인의 엄청난 공격에 무너지면서 제국의 존재는 사라졌지만,* 토착 이란인들의 저항은 쉽게 수그러들지 않았다.

역사적 기록을 보면 사산조 페르시아의 마지막 황제 야즈데기르드의 왕자 피루즈가 끝까지 아시아 내륙에서 항쟁을 지휘했다. 피루즈가 중국으로 망명하면서 이란인 잔존 세력들이 그곳에서 뿌리를 내리고 상당한 공동체를 형성한 것으로 알려져 있다.** 쿠쉬의 등장은 이 시기와 밀접한 관련을 가진다.

중국 내부의 정치적 대혼란으로 더 이상 페르시아인 이주민들의 안전과 장래가 보장받지 못하자 이란인들은 당시 중국 주변국 왕의 주선으로 신라로 망명하게 된다.***

따라서 쿠쉬 장군의 영웅담을 담은 서사시인 쿠쉬나메의 많은 부분은 신라에 관한 이야기를 담고 있다. 사산조 페르시아와 신라와의 관계는 물론, 신라에 대한 가장 방대한 자료를 담고 있는 한반도 바깥의 귀중한 사료로 평가된다. 지금까지 발견된 아랍어, 페르시아어 사료보다 훨씬 풍성하고 세세한 내용을 담고 있다.

* 라피투스 I, 2008:89
** 이희수 1991:23/ Akbarzadeh 2010a: 143
*** KN 2196~2241

2.

쿠쉬나메
전체 내용 개요

쿠쉬나메는 신에 대한 찬미, 지혜와 지식에 대한 존중, 인생의 유한성과 예언자 무함마드에 대한 경배로부터 시작된다. 쿠쉬나메의 저자 이란샤는 여기서 자신의 다른 책인 바흐만나메(Bahmannameh)도 언급한다.

쿠쉬나메의 중심인물은 '쿠쉬'이며, 모두가 두려워하는 영웅의 이름이기도 하다. 쿠쉬나메는 크게 두 부분으로 나누어지는데, 주인공인 쿠쉬는 전편에서는 바그다드에 도읍한 폭정자 아랍의 왕(Tazikan)으로 등장하고, 후편에서는 중국과 주변국인 마친(Machin)의 왕으로 등장한다.

여기서 신라(Basilla=Silla)와 관련된 부분은 후편이며, 전편은 후편을 위한 도입부 성격이다.* 신라의 지리적 상황, 부속 도서, 여자, 군대, 천체관, 과학 정보, 신앙, 인문학적 대화, 스포츠, 사냥, 궁정 생활 등에 관한 기록과 묘사는 이전 아랍-이슬람 자료에 보이는 신라 기술과는 근본적으로 다른 독특한 내용이 주를 이루고 있다.**

---

* Matini: 1998
** 이 부분의 내용 설명은 어디까지나 1차로 이루어진 개괄적인 번역 분석의 결과이다. 구체적인 내용은 몇 해에 걸쳐 연구될 최종적인 분석의 결과로 더욱 명백해질 전망이다.

전편

바그다드에서 아랍 왕으로 등장하는 쿠쉬는 실존 인물이라기보다는 상징적 인물이며, 허풍과 익살이 섞인 잔혹한 모습으로 묘사된다.

쿠쉬는 로마 황제 마누시(Manush)에게 서신을 보내 '당신들의 적과 경쟁자들을 모두 처치했다'라고 주장한다. 마누시는 쿠쉬의 편지를 읽고 이를 크게 의심하며 쿠쉬에게 사절단을 보낸다. 그러자 쿠쉬는 로마 사절단을 영접하면서 잔인한 방식으로 사람들을 희생시켜 그들에게 공포감을 심어 준다. 이에 로마 사절단은 쏘아붙인다.

"당신 같은 잔혹한 통치자를 로마 황제가 만날 이유가 없다."

그러자 쿠쉬는 이렇게 협박한다.

"만약 로마 황제가 나를 만나러 오지 않고 내가 로마 황제를 만나러 가는 것을 허용하지 않는다면, 2년 치 조공을 바치게 하고,

30명의 로마 귀족들을 볼모로 잡아두겠노라."

그러면서 로마가 사산조 페르시아의 황제 코스로우 아누쉬르반(Khosrow Anushirvan)* 시절부터 페르시아에 조공을 바쳐 왔음을 상기시킨다. 나아가 쿠쉬는 로마 제국 내 무슬림의 처지에 대해 우려를 표하고, 만약 로마 황제가 자신의 요구를 들어주지 않는다면 로마를 공격해서 모든 영토를 쑥대밭으로 만들겠다고 위협한다. 쿠쉬의 공격을 두려워한 로마 황제가 조공을 보내고 로마 귀족을 인질로 보내자 쿠쉬는 수도인 바그다드로 귀환한다.

쿠쉬는 로마 황제가 보낸 9권의 의학, 철학, 역사, 로마 제국 왕들의 연대기 등을 탐독한다. 그중 특히 알렉산더 왕 이야기는 다른 어느 책보다도 길다. 알렉산더 이야기의 원전은 이중 언어(그리스어-파흘라비어)로 되어 있다고 전하며, 알렉산더의 동방(아시아와 중국) 원정에서 가장 인상적인 이야기는 마한쉬(Mahansh)란 이름을 가진 한 나이 많은 현자와의 만남이었다. 마한쉬는 전설적인 신비의 산 정상에 사는데, 나이가 300살이나 되었다고 전한다.**

전편에서는 향후 신라와의 관계에서 매우 중요한 시사점을 발

---

* 사산조 페르시아 왕 코스로우 1세(531~579)를 지칭
** 알렉산더 왕과 노인 현자 사이의 긴 대담에는 고전적, 종교적, 조로아스터적인 용어와 지명, 신화적 요소들이 많이 등장한다.

견할 수 있다. 노인 현자 마한쉬의 계보가 잠쉬드(Jamshid)까지 거슬러 올라가는데, 바로 그 자신이 자하크(Zahhak)*의 공격으로 살아남은 잠쉬드 왕가의 생존자 중 한 사람이라는 것이다. 마한쉬는 자하크의 잠쉬드 공격, 잠쉬드와 중국과의 연대, 자하크가 중국과 그 주변 지역을 그의 동생인 쿠쉬에게 주었다는 것 등을 설명하고 있다. 특히 자하크의 명령으로 쿠쉬가 동쪽 지방의 잠쉬드 잔존 세력들을 학살한 후, 자신이 유일하게 살아남은 이란 공동체의 후손이라고 주장한다.

이란 서사시 전통에서 잠쉬드는 페르시아의 정체성을 지키려는 민족적 결사 공동체로 표현되며, 중국으로 도망하여 수세대 동안 그곳에서 터전을 잡았다는 것으로 묘사된다. 잠쉬드의 중국 피신과 중국 내 이란인 공동체와 관련된 내용은 중세 페르시아어나 아랍어 서적에서 흔히 소개되는 잘 알려진 내용들이다.**

---

* 이슬람 초기 시대 아랍인을 의미한다.
** Akbarzadeh 2010: 141

후편

쿠쉬나메의 본질적 내용을 담고 있는 후편은 중국에서 비밀리에 살아가고 있는 잠쉬드 후손들의 이야기로 시작된다. 그들은 온갖 고초를 겪으며, 더러는 산중에서, 더러는 숲속에서, 더러는 바다의 배 위에서 자하크를 두려워하면서 은밀히 살아가고 있다고 전한다.

600년이란 긴 세월이 흘러 잠쉬드의 아들이자 이란 공동체의 사령관이었던 누나크(Nunak)가 세상을 떠났다. 그리고 누나크의 아들 마하루(Maharu)가 아들을 얻었으니 그 아들의 이름은 아비틴(Abtin)이다. 아비틴은 용감한 영웅으로 성장하여 중국 내 이란 군대의 사령관이 되었다. 그러나 이란인들은 중국과 그 주변국의 왕(이하 중국 왕) 쿠쉬를 두려워하여 그들의 거주지를 옮겨 다니며 불안한 생활을 해야만 했다.

한편 중국 왕 쿠쉬는 한 여인과 결혼하여 아들을 낳았다. 아들의 얼굴은 못생겼고, 수소처럼 큰 두 개의 이빨을 가졌으며, 두 귀는 코끼리와 같았다. 붉은 머리, 붉은 눈, 어깨 사이에 어둠의 흔적이 있는 두려운 형상이었다.

중국 왕 쿠쉬는 아들을 숲속에 버렸는데, 아비틴이 사냥을 갔다가 아기 울음소리를 듣고 발견하여 집으로 데려와 길렀다. 그들은 그 아이를 '쿠쉬'라 불렀으니, 바로 후편의 주인공이다.

쿠쉬의 스승은 아비틴에게 말하였다.

"이 아이는 들판의 짐승 같아서 공부를 싫어하고 사자나 호랑이 같은 맹수들을 사냥하는 데만 정신이 팔려 있다."

어느 날, 아버지 중국 왕 쿠쉬가 1만 명이 넘는 군대로 숲 속에 있는 이란인의 성소를 찾아내 공격을 해 오자, 아들 쿠쉬(영웅)는 불과 300명의 이란인과 함께 중국 주력 군대를 패퇴시키고 그들을 물리쳤다. 다음 날에는 중국 왕 쿠쉬의 아들이자 자신의 동생인 니와스브(Niwasb)를 전투 중에 사살하였다.

이란인을 이끄는 영웅 쿠쉬가 자신의 아들임을 간파한 중국 왕 쿠쉬는 궁정 참모들과 상의한 후 아들에게 밀사를 보냈다. 밀사들은 아들을 버린 일을 후회하고 용서를 구하는 중국 왕 쿠쉬의 뜻을 전하고자 노력했다. 그리하여 결국 아들인 영웅 쿠쉬를 중국으로 데려오는 데 성공하였다.

이로써 이란인은 강력한 지도력을 잃고 중국에 무력하게 항복하고 말았다. 그렇지만 많은 이란인들은 중국의 지배를 받아들이지 않고 산속으로 숨어들어 항쟁을 계속했다.

شش نامه

3.

쿠쉬나메
신라 부분 내용 개요

어느 날 마친(Machin) 상인들이 산중의 이란인 거주지를 지나갔다. 아비틴은 상인들에게 주변 정세를 듣고, 자신들의 급박하고 어려운 사정을 마친 왕 바하크(Bahak)에게 전해 달라며 서신을 건넸다.

서신을 받은 바하크는 폭압자인 바그다드의 자하크와 중국 왕 쿠쉬의 만행을 잘 알고 있었기 때문에 중국의 이란인들과 아비틴에게 동정을 표한다. 그러나 마친 왕은 이란인을 받아들일 경우 중국의 보복이 두려워 감히 엄두를 내지 못하고, 대신 이웃 신라(Silla)의 왕 태후르(Taihur)를 추천한다. 그러면서 신라는 천국같이 살기 좋은 곳이며, 아직 남의 침략을 받지 않은 나라라 일러 주었다. 더욱이 신라까지 안전하게 가는 자세한 경로도 알려 주었다. 산을 가로질러 마친에 도착하면 그곳에서 제2의 마친으로 가고, 제2의 마친에서 배를 타고 신라로 갈 수 있다고 조언하였다. 그러면서 신라 왕에게 보내는 비밀 편지를 써 주었다.

이에 고무된 이란인들은 아비틴의 인솔 아래 마친에 도착했고, 마친 왕의 따뜻한 영접과 선물을 받은 뒤 배를 타고 신라로 향했다. 신라로 향하는 모든 배는 마친 왕이 마련해 주었다.

험한 파도를 헤치고 신라에 도착한 이란인들은 먼저 그곳 관리를 통해 마친 왕의 편지를 신라 왕에게 전달했다. 신라 왕 태후르는 크게 기뻐하며 이란인들을 극진히 환영했으며, 자신의 두 아들을 항구로 보내 아비틴과 이란인들을 영접하게 했다.

아비틴과 신라의 두 왕자는 서로 포옹하며 우의를 나누었고, 신라 왕이 있는 궁전으로 향했다. 궁전에 도착하니 음악이 연주되고 성대한 환영 행사가 준비되어 있었다. 이 대목에서 쿠쉬나메의 저자는 천국에 버금가는 신라 도시의 아름다움, 신라 왕의 궁전, 도로와 골목 풍경, 정원, 도시 주변 모습, 정원의 새, 신라 왕의 환대 등에 대한 세세한 정보를 담고 있다.

그 후 아비틴은 신라 왕의 보호를 받으며 함께 사냥을 다니고, 국정에 대한 조언자로도 활동하면서 신라-이란 간에 굳건한 연대를 다져 나간다. 또한 국제 정세가 급변하여 신라에서 이란인들을 중국으로 돌려보낼 가능성에 대해 아비틴이 우려를 표하자, 신라 왕은 신라는 오랜 기간 독립국으로서 친구를 배신하는 일은 없을 것이라고 확신을 준다. 나아가 신라 왕은 이란과 신라 간에는 아주 오래전부터 바다를 통한 무역과 거래가 있어 왔다고 강조한다. 이로써 신라-이란 관계는 더욱 돈독해진다.

이를 두려워한 중국 왕 쿠쉬가 군대를 일으켜 신라를 침공하자 아비틴이 이끄는 이란군이 신라를 도와 중국 군대를 물리치는 큰 공을 세우기도 했다.

신라 왕과 아비틴은 더할 나위 없이 최고의 관계를 유지한다. 그리고 드디어 아비틴이 신라의 공주인 프라랑(Frarang)과 결혼하겠다는 뜻을 밝힌다. 신라 왕은 오랜 고민 끝에 결혼을 허락하고,

프라랑은 아비틴의 아이를 임신한다. 많은 예언가들은 장차 태어날 왕자가 바그다드의 자하크를 물리치고 이란인들의 복수를 해줄 것이라고 예언한다.

프라랑 공주가 임신한 상태에서 아비틴은 조국 이란으로 돌아가기로 결심한다. 그리고 중국을 거치는 위험한 육로 대신 해로를 선택한다. 이때 바닷길에 경험이 많은 노련한 신라 뱃사람의 안내를 받았다.

아비틴과 프라랑 공주 사이에 태어난 왕자 페리둔은 아버지 아비틴이 아랍의 폭군 자하크에게 잡혀 암살당한 뒤 아버지의 복수를 하고 이란인의 가장 존경받는 영웅으로 등장한다.

한편 신라에서도 태후르 왕이 사망하고 아들 가람 왕자가 왕위를 계승한다. 페리둔은 어머니 프라랑 공주 덕분에 신라 왕 가람과 우의와 협력을 도모한다. 양국 사이에는 정기적으로 사절단이 오가고, 서로 많은 도움을 준다. 두 왕국은 중국이라는 공동의 적을 물리치기 위해 군사적 협력을 도모하기도 한다. 이처럼 신라와 이란은 대를 이어 교류와 협력을 이어 간다.

شبنامه

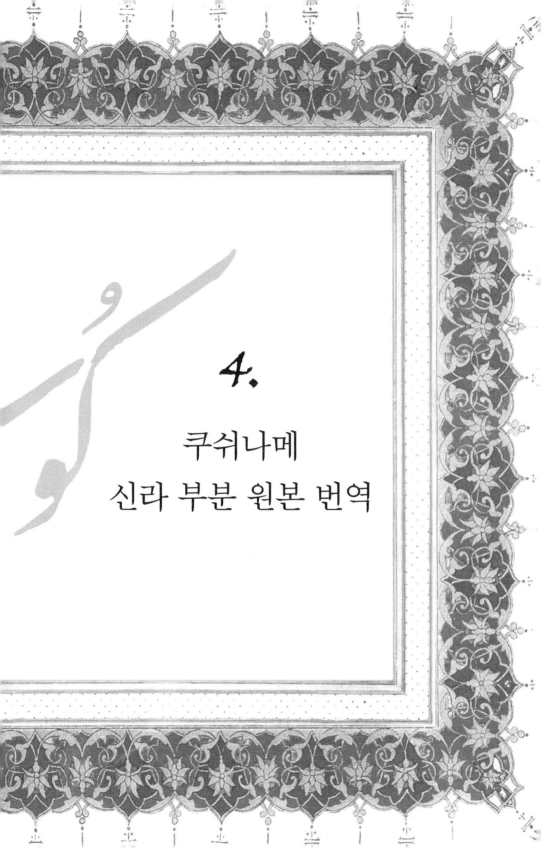

4.

쿠쉬나메
신라 부분 원본 번역

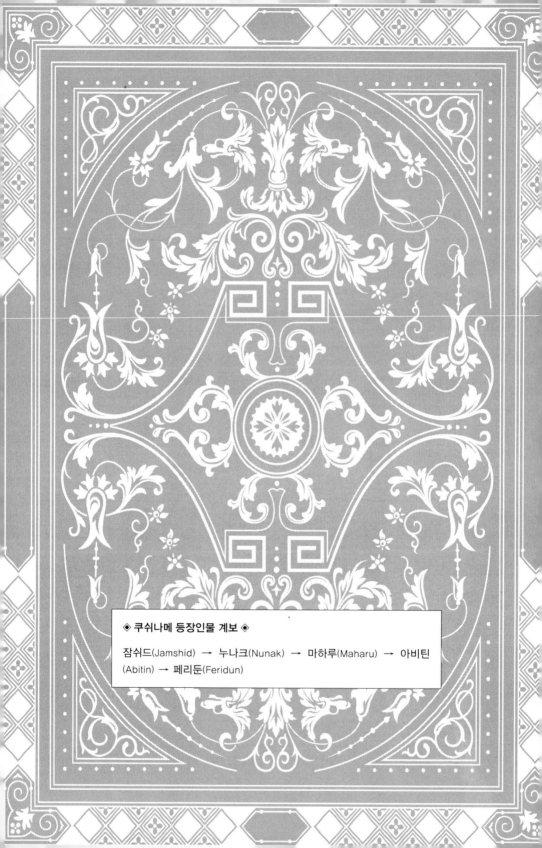

◈ 쿠쉬나메 등장인물 계보 ◈

잠쉬드(Jamshid) → 누나크(Nunak) → 마하루(Maharu) → 아비틴
(Abitin) → 페리둔(Feridun)

산상 전투에서 아비틴이 중국을 물리치다

해가 뜨자 대규모 중국군이 산으로 향했다. 하늘과 땅이 온통 무기로 뒤덮였고, 산 주변은 해가 보이지 않을 정도로 짙은 먼지로 자욱했다. 병사들의 함성이 달까지 닿을 듯했다. 군대가 산 밑에 당도했을 때, 이란인은 한 명도 보이지 않았다.

쿠쉬는 번개같이 군대를 빠져 나와 산 가까이에 다가갔으나 빈 천막 외에 아무것도 발견하지 못했다. 쿠쉬는 병사들에게 말했다.

"지난밤, 그들은 떠났다. 우리는 그 비열한 자들을 추격해야 한다. 그자들에게 숨을 기회를 주어서는 안 된다. 그자들은 우리를 공격할 것이며, 그러면 중국 왕(쿠쉬의 아버지)이 분노할 것이다."

병사들은 뒤따를 채비를 마쳤고, 쿠쉬가 산을 넘자 병사들 역시 화살처럼 순식간에 산을 넘었다. 3만 이상의 기병과 보병이 산을 넘었다. 그러나 병사들은 산에서 호랑이(아비틴을 지칭)를 발견하지 못했다. 겁이 난 중국 병사들은 타고 있던 낙타와 말 머리를 돌려 되돌아갔다. 병사들은 계속 싸울 것을 명령받았고, 마치 평지인 양 산을 수색해야 했다.

중국 병사들이 산 중턱에 다다랐을 때 이란 병사들이 소리쳤다.

"아비틴 만세, 중국 왕에게는 해마다 고통이 가득하리라."

이 함성을 들은 중국 병사들은 겁에 질렸다.

아비틴은 드디어 작전을 개시했다. 이란 병사들에게 돌을 굴려 보낼 것을 명하였고, 굴러간 돌들은 영웅과 병사들을 비롯해 길 위의 모든 것을 쓸어 버렸다. 돌이 비처럼 쏟아지자 중국 병사들은 도망칠 겨를이 없었다. 수많은 병사들이 죽고 생존자들은 산에서 도망쳤다. 쿠쉬가 편성한 대규모 군대에서 살아남은 병사는 단 500명에 불과했다.

산과 평원에서 영웅과 병사들은 남김없이 퇴각하였고, 병사들이 중국으로 회군할수록 상황은 점점 더 심각해졌다. 각각 100명씩 편성된 단위 부대에서 오로지 한 명만이 살아남았는데, 그마저도 부상을 당했다. 중국 왕은 신음했다.

"누가 신의 뜻을 알며, 우리에게 다가올 불행의 비밀을 알고 있겠는가? 짐은 자하크 왕의 이름과 니와스브(Niwasb)의 피로써 맹세한다. 아비틴을 잡기 위해 1년이라도 여기서 기다릴 것이다. 내 아들 니와스브와 다른 병사들의 복수를 할 것이다."

쿠쉬는 한 달 동안 그곳에서 아비틴의 인내심이 한계에 다다르도록 기다렸다. 아비틴이 산에서 내려와 평야로 나오게 할 심산이었다. 아비틴에게 복수하여 그의 병사들의 피로 땅을 적시고 싶었다.

달리 방법이 없었던 아비틴은 산 위에 1년을 버틸 수 있도록 군막을 치고, 식량을 얻기 위해 때때로 산을 내려오기도 했다. 그러나 양 진영은 이러한 상황에 점차 지쳐 갔다.

아비틴이 행인에게 쿠쉬의 군대에 대해 물어보다

한번은 마친에서 온 대상 행렬이 산을 지났다. 파수병은 대상을 아비틴에게 데려갔고, 아비틴은 그들에게 하문하였다.

"여기서 마친까지는 얼마나 걸리는가? 그곳 왕의 존함은 무엇인가? 이 가축들이 나르고 있는 것은 무엇이며, 이것으로 얼마의 이익을 얻을 수 있는가?"

그들 중 한 명이 고하였다.

"여기서 마친까지는 열흘 정도 걸리옵니다. 마친에는 소루쉬*만큼 선하고, 자비로우며, 카리스마 넘치는 왕이 계십니다. 그분의 존함은 바하크(Bahak)이시며, 참으로 훌륭하신 분입니다. 그분의 왕국은 낙원과도 같습니다. 그분은 사자가 사슴을 공격하지 아니하듯 너무나 정의롭고 경건하십니다. 박사들은 왕의 지식에 탄복하옵니다. 그리고 저희 짐 속에는 음식뿐이며, 옷이나 카펫은 없사옵니다. 저희들은 매년 장사를 하고자 이 길을 통해 마친에서 중국까지 갑니다. 그리고 중국에서 옷, 카펫, 연장을 들여옵니다. 저희들은 이 장사로 두 배의 수익을 올립니다. 왜 저희들이 거짓말을 하겠습니까?"

---

* 가브리엘을 말한다. 고대 페르시아의 신 이름 중 하나이다.

아비틴이 상인에게 말하였다.

"무엇을 위해 이 고되고 긴 여행을 하는 것이오? 과인이 그대의 상단에게 편안한 여정과 큰 이윤을 책임질 수 있소. 만약 상단을 중국으로 더 빨리 당도하게 해 준다면, 어떠한 보답을 하겠소?"

상인이 아비틴에게 아뢰었다.

"맹세컨대 큰 보답을 하겠습니다. 하오나 사실 전하께서는 신 (神)에게 선물을 청하셔야 합니다. 신이 저희들의 지도자이시며, 자비로우신 분이시기 때문입니다."

아비틴은 상단의 물건을 가져와서 자기 앞에 놓을 것을 명했다. 그리고 각각의 물품에 대해 원래의 가격보다 두 배 이상 지불하였다.

상인은 엎드려 땅에 얼굴이 닿도록 숙이고 아뢰었다.

"전하께서는 자비로운 왕이십니다, 전하 만세! 소인이 전하를 기쁘게 해드릴 수 있는 일을 하고 싶습니다."

그의 말을 들은 왕은 자신들이 머물고 있는 산이 살기 좋은 환경이 아니라는 것을 떠올렸다. 2월이 지나면 너무나 추워져서 가축에게도 우리를 만들어 주어야 한다. 가축에게 우리를 만들어 주지 않는 것은 봄에 씨를 뿌리지 않고 겨울에 추수를 바라는 것과 같다. 젊어서 부를 축적하지 않는다면 늙어서 초라해질 것이다. 앞날을 생각하지 않는다면 장래에 불운해질 것이다(이란인들의 사정 역시 마찬가지였다. 산에서 벗어나야 할 방법을 찾아야 했다).

"만약 2월에 비가 오고, 중국군이 또다시 우리를 공격한다면, 과인의 병사들은 쉬이 도륙당할 것이다. 그러니 이 문제에 대한 해결책을 찾아야 한다."

아비틴이 바하크에게 서신을 쓰다

아비틴은 이에 대해 자신의 현명한 서기관과 논의한 후, 마친의 왕 자애로운 바하크에게 서신을 보낼 것을 명하였다. 서신의 내용은 다음과 같다.

선하고 자애로운 신의 이름으로,

신은 원하시는 것을 하실 수 있습니다. 이 세상을 새롭게도 쇠퇴하게도 하실 수 있습니다. 그분께서는 어두운 밤을 지나 빛나는 낮을 만드시고, 추운 겨울을 지나 봄을 가져다주십니다. 그분께서는 소인에게 때로는 행복을, 때로는 슬픔을 주십니다.

위대한 왕이시여, 물론 전하께서는 소인의 위급한 상황에 대해 알지 못합니다. 몇 해 동안 우리에게는 우여곡절이 많았습니다. 한때 우리는 늑대처럼 정글에서 살아야 했고, 때로는 사자처럼 산에서 살아야 했습니다. 우리는 자하크의 무리와 때로는 싸우고, 때로는 피신하며 지냈습니다.

우리는 우리들의 왕 잠쉬드 폐하로부터 조언을 얻었습니다. 잠쉬드 폐하께서는 자신의 운이 다했다는 것을 아셨고, 시간은 폐하께 왕의 소임을 허락하지 아니하였습니다. 그리고 마침내 그 가련한 분은 자하크에게 붙잡혀 목숨을 잃으셨습니다.

그분은 자신의 아드님이신 저의 선조를 불러 많은 충고를 해 주셨습니다.

"아들아, 네가 평야와 숲, 혹은 물속에 사는 한 자하크의 무리에게 절대로 속아서는 아니 된다. 또한 너는 네 아들에게 이에 대해 충고해 주고, 다음 몇 가지 사항을 지킬 것을 맹세 받아라. 자손들에게 사악한 자하크의 무리를 피해 숨으라 이르고, 이 세상에 자하크의 무리만큼 사악한 족속들은 없다고 말하여라. 자하크가 집권하게 되면, 우리 가문 출신의 한 사람이 왕이 될 것이다. 우리의 왕은 자하크를 사로잡아 감옥에 가둘 것이며, 그리하여 자하크의 가문은 곤경에 처하고 불운해질 것이다. 우리의 왕은 이란인에게 막강한 힘을 부여할 것이며, 행운이 우리를 향해 미소 지을 것이다.”

　잠쉬드 왕의 예언처럼 현재 소인은 숲이나 평야에 숨어 지내며, 때로는 도망치기도 하옵니다. 소인은 스스로의 이름과 왕실을 지키기 위해 최선을 다해 자하크와 싸웠습니다만, 자하크는 우리의 노력을 허사로 만들었습니다. 그래서 지금 소인은 이 싸움에 지쳤습니다. 사실 세상은 소인에게 녹록하지 않사옵니다.

　지금 바하크 전하의 도움이 필요합니다. 전하께서 소인과 소인의 군대의 안전을 보장해 주시길 바랍니다. 잠쉬드 폐하의 조언이 아니더라도 그의 아드님이 말씀하셨습니다.

　“어느 날 위급에 처한다면, 재산을 처분하여 마친으로 떠나세요. 마친에는 정의롭고 유일신을 믿는 왕께서 계시며, 자하크는 마친 왕에게 군림하지 못합니다. 마친 왕은 신 외에는 아무도 두려워하지 아니하니, 신의 은총으로 그대의 유일한 후원자가 될 것이요. 마친 왕은 아비틴 그대를 보호할 힘이 있으며, 그대는 오직 신에게만 의지해야 할 것이오.”

　그로부터 많은 시간이 흘렀고, 우리는 이 상황에 지쳤습니다. 세월은 우리에게, 우리의 선조에게, 자애로운 우리의 왕에게 자비를 보여 주지 않았습니다. 우리는 전하의 나라에 가 본 적이 없으며, 물의를 일으킨 적도 없습니다.

하오나 우리에게는 이제 다른 길은 없으며, 막다른 길에 서 있습니다. 우리는 산 정상에 있으며, 적은 산 아래에서 우리를 기다리고 있습니다. 이제 전하만이 우리를 보호해 주실 수 있습니다. 만약 전하께서 우리를 받아 주신다면, 위대한 전하께 문후 여쭙겠습니다.

아비틴은 서신을 완성한 뒤, 대상인을 따라갈 병사를 한 명 골랐다. 그리고 상인들에게 많은 금과 은, 좋은 말을 하사하였다. 대상단은 아비틴 왕의 서신과 선물을 가지고, 자애로운 바하크 왕에게로 떠났다.

서신을 읽은 바하크 왕은 아비틴의 어려운 상황을 이해하였다. 바하크 왕은 성심껏 최선의 결정을 내리고자 노력하였다.

바하크 왕은 아비틴의 사절을 사흘간 영접하고, 나흘째 되던 날 해가 뜨자 서기관을 불렀다.

아비틴에게 보내는 바하크의 서신과 답신

바하크 왕은 젊고 현명하며 명석한 서기관에게 명해 답신을 썼다.

해와 달의 창조자의 이름으로,

신(神)은 달로 어두운 밤을 밝히시고 해로 세상을 밝히십니다. 신은 추운 겨울이 가면 봄을 주시며, 최상의 것들로 세상을 만드셨습니다.

과인은 그대의 확신에 찬 진심 어린 서신을 받고, 그대의 상황을 이해하였습니다. 과인은 이 불행한 세상에, 그대의 왕조에 지속된 슬픔에 화가 치밀어 올랐습니다. 도대체 누가 자신의 왕조를 그토록 처참하게 만든 세상에서 신뢰를 기대할 수 있겠습니까?

허나 아무도 이 세상의 비밀을 모릅니다. 물론 과인과 아비틴 왕 또한 비밀을 알아낼 수 없습니다. 허나 결국에는 모든 것이 좋아질 것이니, 아비틴 왕은 건강하고 강해져야 할 것입니다. 그리고 세상은 자하크에게 자비를 베풀어야 할 터이지만, 대신 그의 악마와 같은 힘을 극복해야 할 것입니다.

아비틴 왕은 과인에게 도움과 은신처를 제공해 줄 것을 요청했지만, 사실 우리 모두는 신의 보호 아래 있습니다. 과인은 대규모 군대를 갖춘 훌륭한 왕국을 지니고 있으며, 수많은 보물을 보유한 부유한 사람입니다. 과인은 아무것도 가진 것이 없다고 말하지는 않을 것입니다. 그러나 과인이 가지고 있는 것이 바로 아비틴 그대의 것입니다. 이 궁은 그대의 집이나 마찬가지입니다. 짐의 아랍 혈통의 말, 갑옷, 칼 등 모두 아낌없이 쓰십시오.

하오나 과인의 상황도 그다지 좋지 못하며, 미래를 장담할 수 없습니다. 우리들은 일 년 내내 자하크의 사람들에게 고통받고 있습니다. 중국 왕은 우리의 적입니다. 자하크는 그대에 대한 보고를 받자마자 우리 왕국에 복수를 감행할 것입니다. 자하크는 마친으로 군대를 끌고 올 것이고, 엄청난 수의 병사들이 전진하며 일으킨 두터운 먼지가 해를 가릴 것입니다. 이리되면 과인은 그들과 싸울 수도, 아비틴 왕 그대를 구할 수도 없습니다.

화내지 마십시오. 과인은 진정으로 쿠쉬의 칼이 두렵습니다. 거짓이 가장 큰 단점의 표상이듯, 용기는 정직의 표상입니다. 결국 정직이 좋은 결과를 가져올 것이며, 실로 정직한 것이 신심(信心)에 이르는 최선의 방법입니다. 만약 아비틴 그대가 정직하고 바른 사람이라면, 두 개의 세상을 가질 것입니다.

허나 과인은 그대가 잠쉬드 왕의 충고를 따를 것을 권합니다. 이 땅에는 두 개의 마친이 있으며, 아비틴 왕은 과인의 마친을 거쳐 또 다른 마친에 도달해야 합니다. 그곳에 도달하기 위해 그대는 한 달 동안 해로로 이동해야 합니다.

한 달 후에 그대는 광활하고 경이로운 섬을 보게 될 것입니다. 섬의 일부는 바다에 접해 있습니다. 섬의 길이는 대략 20파라상(Parasang)*이며, 길이와 넓이가 같습니다. 매우 아름다운 80여 개의 도시가 있고, 각 도시들은 중국이나 마친보다 더 아름답습니다. 도시마다 수천 개의 농장과 정원이 있으며, 훌륭한 왕이 그 섬을 통치하고 있습니다. 왕의 이름은 '태후르(Taihur)'이며, 아주 현명하고 친절합니다. 왕은 신에게 기도하며, 결코 죄를 짓지 않습니다.

그 섬으로 들어가는 유일한 입구는 매우 좁아서, 두 사람조차도 함께 통과할 수 없습니다. 입구에는 거의 일 년 내내 눈으로 가득 찬 우물이 있습니다. 세상 모든 군대가 그 섬을 공격해도 병사 한 명만으로 입구를 지킬 수 있습니다. 병사는 두려워하지 않아도 되며, 어떤 도움도 필요치 않을 것입니다. 그 왕국에는 수많은 병사가 있습니다. 그 수가 사막의 모래알보다 더 많을 것입니다. 과인도 그런 왕국을 가지길 바랍니다.

* 고대 페르시아의 거리 단위로 1파라상이 약 6km이다.

만약 아비틴 그대가 그곳으로 가려 한다면, 과인이 여정에 필요한 것들을 마련해 줄 것입니다. 해안으로 필요한 물품들을 보낼 터이니, 도착하기만 하면 우리 군대가 해안에서 도움을 줄 것입니다. 또한 과인의 서신을 신라 왕에게 전해 주고자 짐의 신하 중 몇 명이 그대와 동행할 겁니다.

과인은 바실라(신라)* 왕에게 그대가 처한 상황을 알려 주겠습니다. 그곳에 도착하자마자 그대는 중국 왕과 쿠쉬로부터 안전할 겁니다. 그 못생긴 괴물이 새처럼 날 수 있다 해도 아비틴 왕 그대를 못 잡을 겁니다. 맹세컨대 자하크는 그 섬 근처에도 가지 못할 겁니다.**

의원이 병에 대해서 잘 알고 있긴 하지만, 자기보다 자신의 병을 잘 아는 사람은 없다고 확신합니다.***

바하크 왕은 마치 물욕(物慾)이 없는 사람처럼 사신에게 많은 선물을 하사하였다. 그리고 사절단이 떠날 때 자신의 신하도 같이

---

* 쿠쉬나메에서 신라의 표기법은 바실라(Basila)와 베실라(Beshila), 두 가지가 있는데 문체의 통일을 위해서 바실라로 통일한다.
** 중국 왕 쿠쉬와 아랍 왕 자하크가 쿠쉬나메에서는 혼재되어 때로 동일인으로 등장한다. 중국 왕 쿠쉬와 아랍 왕 자하크가 아비틴과 이란인들의 적대적 이해 당사자이기 때문에 자하크가 '폭군'의 의미로 확장되어 쿠쉬를 지칭하는 경우도 있다.
*** '그러나 모든 일의 성패는 자신에게 달려 있다'라는 페르시아적 표현.

보냈다. 아비틴이 모든 것을 제대로 받았는지 확인하고자 함이었다. 만약 사절단이 바하크 왕의 서신과 선물을 아비틴에게 전하지 못한다면, 신하가 그의 전갈을 직접 고할 것이다. 바하크 왕은 무슨 일이 있어도 아비틴에게 꼭 도착해야 한다고 당부하였다.

사절단은 떠난 지 열흘 만에 아비틴 앞에 설 수 있었다. 아비틴은 서신을 받고 매우 기뻐했으며, 바하크 왕의 사신들에게 많은 선물을 하사하였다. 그리고 다시 사신들에게 전할 것을 명하였다.

"우리는 오늘 해안으로 출발하려 합니다. 바하크 전하께서 항해에 필요한 배와 장비를 마련해 주시길 바랍니다. 2주 후에 해안에 당도할 것입니다."

사신이 떠난 뒤에도 아비틴은 여전히 산에 머물렀다. 그러나 그는 그 후 적들에게 돌을 던지지 않았다. 다른 아무것도 하지 않았다. 그저 조용히 지낼 뿐이었다. 한 달이 지나자 중국 왕은 화가 나고 지쳐 갔다.

베흐마르드와 중국 왕의 논의

어느 날, 현명한 대신 베흐마르드(Behmard)가 아뢰었다.

"폐하, 만수무강하옵소서. 여기에 있는 것이 도대체 무슨 득이 되겠습니까? 싸우기 위해 이 산에 온 자가 도대체 어디 있겠습니까? 만약 아비틴이 적을 두려워하여 산을 내려오지 않는다면, 폐하께서도 또한 이 숲을 버리지 않을 것입니다. 오늘 폐하께서는 적들을 소탕하시었고, 그들 중 일부는 저 산에서 추위에 죽었을 것입니다. 마친으로 가는 길이 하나밖에 없다는 사실을 폐하께서도 알고 있지 않으십니까? 만약 아비틴이 마친으로 향한다면, 즉시 (바하크에게) 서신을 보내 그를 붙잡을 것입니다. 그러면 바하크가 아비틴을 폐하께 보낼 것이옵니다. 그렇지 않으면 소신이 바하크에게 군대를 보내겠나이다. 바하크와 이란인들을 잡을 때까지 계속 군대를 보내겠나이다. 그리고 그들을 폐하께 바치겠나이다. 폐하의 명성을 만세에 기리도록 부디 뜻을 이루소서."

중국 왕이 대답하였다.

"종교와 법에 맹세하노니, 짐이 아비틴을 잡지 못한다면 전장에서 돌아오지 않을 것이다. 짐은 아비틴에게 용맹한 니와스브의 복수를 할 것이다. 현명한 자는 맹세를 저버리지 않는다. 그 누가 맹세를 하고 저버리는가? 맹세를 저버리는 것보다 더 나쁜 일이 없듯이, 맹세를 짓밟는 것보다 더 큰 범죄는 없다."

베흐마르드는 중국 왕에게 아뢰었다.

"오, 폐하! 소신의 말을 들어주소서. 폐하께서는 역적(아비틴)의 자식을 없앴고, 그로써 지금 막 니와스브의 복수를 하셨습니다. 만약 폐하께서 여기서 퇴각하셔도 적과의 싸움을 포기하신다는 뜻이 아니옵니다. 폐하께서는 젊으시고 운을 타고 나셨으므로, 폐하께서 원하시면 언제라도 적군과 싸우러 오실 수 있습니다. 지금 적은 산 정상과 산 아래에 진을 치고 있으니, 폐하께서 무엇을 하실 수 있겠나이까? 이 세상의 왕의 아들이시여, 소신은 폐하께서 세자로 왕위를 물려받기를 진정으로 바랬나이다. 그리고 소신은 폐하를 세자로 책봉한 선왕의 결정에 행복했나이다."

중국 왕의 귀환, 아비틴이 태후르 왕에게 망명하다

중국 왕은 이 말을 듣고 베흐마르드가 옳다고 생각하여 중국으로 퇴각했다.

아비틴은 중국군의 퇴각에 마치 모든 슬픔이 끝난 것처럼 기뻐하였다. 아비틴은 기병을 보내 숲을 샅샅이 뒤졌지만, 아무도 발견하지 못하였다. 아비틴은 산에 사로잡힌 듯 일주일을 더 머물렀다.

여드레째 밤이 지나고 이른 아침, 아비틴은 드디어 산에서 내려와 걷고 또 걸었다. 그리고 마침내 해안에 당도해 그곳에 세워져 있는 천막들을 보았다. 그곳에서 마친 왕이 보낸 군대와 배, 여행 물품들, 수많은 선물과 갖가지 음식, 의복과 카펫 또한 보았다.

바하크는 뛰어난 뱃사공들과 수만 명의 장정을 아비틴 왕에게 보냈다. 뿐만 아니라 태후르 왕에게 전달할 서신까지 작성해 용맹한 자에게 맡겼다.

아비틴은 이 서신을 보고 매우 기뻐했으며, 용맹한 자를 칭찬하였다. 아비틴은 일주일 동안 해안에 머물면서 만반의 준비를 가했다. 여드레가 되는 날, 모든 사람들이 배에 올랐다. 배는 바람처럼 움직이기 시작했다. 뛰어난 선장이 지휘하는 배가 한 달간 쉴 새 없이 항해했다.

아비틴 왕은 달이 청명한 '전갈(scorpion)의 달(月)'에 섬 하나를 발견하였다. 아비틴은 배를 그곳에 정박시켰고, 동료들은 그의 용감한 행동에 두려워하였다.

아비틴 일행은 산과 바다를 보고 감탄하며 제각각 생각에 잠겼다. 아비틴이 말하였다.

"오, 신이시여, 현명하고 전능하신 주여, 물에서 산을 옮길 수 있는 분은 오직 당신이시며, 돌에서 불을 만들 수 있는 분도 오직 당신이십니다. 당신의 모든 행동은 놀라우시며, 이 세상 모든 사람들이 당신의 행동을 지켜보고 있나이다."

아비틴은 바하크의 신하 중 한 명을 뽑아 사절단과 함께 바하크 왕의 서신을 바실라(신라) 왕에게 전하게 했다. 그 서신에는 아비틴의 상황과 적군의 행동이 소상하게 적혀 있었다.

사절단이 해안 요새의 항구에 무사히 도착하자 부둣가의 파수병이 소리쳤다.

"그대들은 누구인가? 그대들은 무엇을 찾고 있는가? 그대들은 왜 우리나라에 왔는가?"

사절단 중 바하크의 사신이 대답하였다.

"오, 자부심 높은 병사여, 우리는 마친 왕실의 사절단입니다. 우리를 알아보셨다면 문을 열어 주시오."

그 순간 파수병은 이 사실을 알리기 위해 태후르 왕실로 사람을 보냈다.

소식을 들은 태후르는 존경을 표하고자 고위 관리와 100명의 기병을 해안으로 보냈다. 고위 관리는 해안가로 와서 사절단을 궁으로 안내했다. 아비틴의 사절단은 태후르 왕을 만나자마자 경의를 표하고 서신을 전하였다. 이에 태후르 왕은 역관에게 서신을 건넸다. 왕은 그 서신을 낭독하도록 명한 후 다른 사안에 관해 이야기를 나누었다.

아비틴에게 보낸 태후르의 전갈

서신을 통해 아비틴에 대해 알게 된 태후르 왕은 고통으로 움직일 수조차 없었다. 손수건이 젖을 정도로 눈물을 흘리며 고통스러워했다. 왕은 한숨을 쉬며 말하였다.

"세월이 이 좋은 친구에게 저지른 짓을 보라. 아아, 조로아스터교(Zoroastrianism)가 사라지고 추악한 종교가 나타났도다. 이 세상에 그 위대한 가문이 사라지고, 그 찬탈자들은 세상을 파괴하는 악마들이다. 위대한 사람들이 세상에 뿔뿔이 흩어졌으니, 이보다 더 나쁜 일이 있겠는가?"

왕은 아비틴의 사신을 불러들여 이것저것 물어보고는 옆에 앉게 했다. 왕이 말씀하셨다.

"무슨 일이 일어났는지 짐에게 고하라. 아비틴 왕은 어디에서 사신을 보냈는가?"

사신이 아뢰었다.

"하루 전, 해안 요새 앞에서 아비틴 왕께서 소신을 폐하께 보냈나이다."

태후르는 대신에게 답신을 작성하라 명하고, 거기에 모든 예(禮)와 관용을 표했다.

세상의 왕, 아비틴이여!

만수무강하소서. 아비틴, 그대는 지금 막 고향으로 왔소이다.

　과인이 보유한 보물이 무엇이든 간에 아비틴 그대의 것이며, 만일 그대가 과인의 생명을 원한다 해도 주저하지 않겠소. 아비틴 그대가 여기 도착한 이상, 더는 위험이 없을 것이며, 자하크 같은 자가 그대를 위협하는 일도 없을 것이오. 과인의 왕국 또한 그대의 것이며, 그대의 고통을 덜어주기 위해서라면 우리의 목숨을 그대에게 맡길 것이오. 우리의 모든 군대가 그대의 명령에 따를 것이며, 과인 또한 군대의 일원으로 그대의 명령을 받들 것이오.

　그대가 원하는 만큼 여기에서 밤낮으로 행복하고 즐겁게 머무르도록 하시오. 악마와 자하크가 모두 파멸할 때까지 잠쉬드가 말한 것은 무엇이든 따르십시오.

　왕국에서 그대를 극진히 대접할 터이니, 행복한 왕이 되세요.

　태후르 왕은 사절단에게 많은 양의 금과 말, 허리띠, 귀한 의복과 모자를 하사하였다. 바하크의 사신에게도 또한 선물을 주어 돌려보냈다. 그는 아비틴 왕을 맞이하기 위해 군대와 함께 두 아들을 보냈다. 군대는 일사분란하게 행진하였다.

　바실라 사절단은 아비틴 왕에게 다가가서 태후르 왕의 심심한 감사와 친절을 전하였다. 아비틴은 바실라 왕의 애정과 원조에 너무나 행복했지만, 한편으로는 태후르 왕을 볼 낯이 없었다.

아비틴과 태후르의 만남

아비틴 왕은 육지에 도착했을 때 해안이 군대로 가득한 것을 보았다. 태후르의 두 아들이 군대 옆에 서 있었는데, 그들은 말에서 내려 모든 예를 갖추었다. 아비틴과 태후르의 아들들은 서로 따뜻하게 포옹하고는 말을 타고 떠났다. 아비틴 왕이 해안 요새를 지나자 모든 이들이 환호하면서 달려 나왔다.

아비틴 일행은 여독을 뒤로 하고 즉시 길을 나서 하루 종일 앞으로 달렸다. 지나치는 성의 파수병들에게 돈과 비단 등을 하사하며 목적지에 다다랐을 무렵, 지친 아비틴 왕은 저 멀리에서 태후르 왕을 볼 수 있었다. 두 왕은 서로 가까워지자 말에서 내렸다.

태후르 왕은 아비틴을 환영했다. 아비틴이 태후르 왕을 끊임없이 칭송하자 태후르 왕이 말했다.

"과인이 그대를 만날 기회를 얻다니 이 얼마나 축복받은 시간인가! 이제 그대는 고향에 무사히 왔으니, 적들의 행복이 그대의 것이 될 것이오."

아비틴이 화답하였다.

"오, 전하는 자비로우신 분입니다. 소인, 전하를 만나 뵙게 되어 기쁘기 그지없습니다. 소인, 일 년 내내 이런 예감이 들더니 이제야 그것이 실현되었습니다."

아비틴 일행은 궁에서 출발하여 며칠이나 튤립으로 가득한 길을 걸었다. 가는 곳마다 먹을 것과 의복, 카펫이 준비되어 있었다. 가는 길 내내 아비틴 왕을 위한 노랫소리와 하프 소리가 울려 퍼졌다.

바실라 도시에 대한 묘사

닷새째 되는 날, 그들은 마침내 태후르 왕국의 수도 바실라(신라)에 도착했다. 아무도 이전까지 그와 같은 도시를 본 적이 없었다.

바실라는 폭과 넓이가 2파라상(12km)이었다. 재스민으로 풍성한 정원이 가득하였다. 바실라는 평범한 도시가 아니었다. 선녀(angel)로 가득 찬 낙원과 같은 곳이었다. 깨끗한 물이 사방에서 흐르고 있었으며, 개천 가까이에는 향나무들이 있었다. 정원은 재스민으로 풍성하였고, 향기로운 튤립과 히아신스로 가득했다. 모든 길과 장터는 잘 단장되어 있었다. 돌로 만들어진 성벽은 정교하게 쌓여 있어 축대(築臺) 사이로 아무것도 지나갈 수 없었다. 성벽은 너무나 높아서 민첩하게 나는 매조차 하루 종일 날아도 성벽을 넘을 수 없었다. 성벽 뒤에는 배수로가 있었으며, 마치 콜좀(Qolzom, 홍해) 바다에서 흐르는 물이 이곳으로 흘러들어 가듯 물이 가득하였다. 바실라의 물과 배가 콜좀보다 많았다.

성문 보초병이 문을 열자 그곳은 낙원처럼 보였다. 도시의 냄새가 너무나 향기로워서 사람의 넋을 잃게 하였다. 모든 이들이 말을 타고 있었으며, 아비틴에게 금을 선물했다. 모든 길과 거리는 반짝거렸으며, 중국산 실크로 장식되어 있었다. 가인(歌人)들은 지붕에서 노래를 불렀으며, 풍악 소리가 도시에 울려 퍼졌다.

존경심의 표현으로 행운의 왕 태후르는 아비틴을 왕좌에 앉혔다.

태후르 왕은 첫째 아들의 명성이 자자한 궁으로 아비틴을 데려갔다. 마치 낙원처럼 꾸며진 궁 내부는 진정으로 군주의 처소 같았다. 궁 전체가 하늘색 배경에 금으로 장식되어 있었고, 모든 의자에는 사파이어와 루비가 세공되어 있었다. 중국풍의 그림이 곳곳에 장식되어 있었으며, 천국의 기둥으로 꾸며져 있었다. 정원에는 물이 흐르고, 향나무가 자라고 있었으며, 풀밭에 가득한 재스민 앞에는 들장미가 그윽했다. 꾀꼬리가 날아다니고, 자고새, 비둘기, 공작으로 가득했으며, 궁녀들은 인형과 같이 아름다웠다.

태후르 왕은 아비틴에게 부족함이 없도록 가능한 한 많은 물품을 보냈다. 또한 아비틴에게 필요한 모든 것과 아비틴이 요청한 모든 것을 들어주었다.

태후르 왕은 하루에 두 번, 두 왕자를 보내 아비틴에게 문안인 사를 드리도록 하였다. 태후르 왕의 대신은 아비틴을 만나러 올 때마다 선물을 가져왔다.

사냥터에서 아비틴과 태후르

열흘 후, 태후르 왕은 아비틴을 영접하고자 들렀다. 아비틴은 태후르 왕을 만나 기뻤으며, 여러 주제에 대해 담소를 나누었다.

아비틴은 태후르 왕에게 그간의 사정을 고하였다. 태후르는 역정을 내기도 하며, 자신이 들은 이야기에 슬퍼하였다. 태후르 왕이 아비틴에게 말했다.

"짐은 그대가 세상에 얼마나 환멸을 느끼고 있는지 알고 있소. 그대가 괜찮다면 기분 전환을 위해 사냥을 갑시다."

아비틴은 기뻐하며 왕의 초대에 감사하였으며, 바실라 왕을 칭송하였다.

아비틴의 유일한 구원자인 태후르 왕은 말에 올라 떠날 채비를 하였다. 아비틴도 말에 올라 그의 이란인 병사들과 함께 흑표범,

매, 사냥개를 데리고 사냥을 떠났다.

아비틴이 사냥터에 도착하여 태후르 왕 가까이에 다가가자, 태후르 왕이 흑표범, 매, 심지어 사냥개도 데리고 있지 않은 것을 보았다. 아비틴은 태후르 왕이 사냥에 앞서 사냥 도구들을 먼저 보냈을 것이라 생각했다.

아비틴은 사냥터에 도착하면 사방에서 수많은 사냥감을 볼 것이라 기대했다. 그러나 사냥 부대는 준비되어 있었지만, 사슴, 얼룩말과 같은 사냥감은 없었다. 이란인 병사들은 사냥 구덩이를 판 뒤 흑표범을 풀어 사냥감을 찾게 했다. 그러나 사냥감을 발견하지 못해 부끄러워했다.

잠시 후 태후르 왕과 사냥 부대가 나타났다. 그런데 그들은 죽거나 적어도 반쯤 죽은 두 마리 이상의 사냥감을 가지고 있었다. 아비틴 왕은 사냥감을 잡지 못한 것을 부끄러이 여기는 한편, 바실라의 말을 주의 깊게 살펴보았다. 바실라의 말은 다른 동물에 비해 앞다리와 뒷다리가 더 길었고, 목덜미는 낙타보다도 더 길었다.

태후르 왕국의 말 사육

태후르 왕은 아비틴이 사냥감을 잡지 못해 부끄러워한다는 것을 알아챘다. 그리하여 태후르 왕이 아비틴에게 말하였다.

"낙담해서 자책할 것 없소이다. 그대는 오늘 사냥에 실패했으나 가까운 시일 내에 또 기회가 있을 것이오."

(원서 내용 판독 불가)

또한 태후르 왕은 이렇게 덧붙였다.

"우리의 말은 하마의 혈통으로 바람처럼 빠르다오. 사냥터에서 사냥감이 도망갈 수 없으니 사냥용 흑표범이나 사냥개가 필요 없다오."

아비틴이 왕에게 물었다.

"말을 물에서 어떻게 데려왔습니까?"

태후르 왕이 대답하였다.

"짐이 봄에 해변가에 사람을 보냈다오. 몸이 늑대 같고, 뛸 때는 바람과 같은 아랍 혈통의 빠른 말들과 같이 말이오. 그들은 바다 옆에 (암)말을 묶어 놓고는 지켜보았지요. 아주 어두운 밤이면 하마가 아자르 고샤스브(Azar Goshasb)*와 같이 빠르고 힘차게 바다에서 나온다오. 하마는 암컷의 체취를 맡는 즉시 암말에게 달려듭니다. 하마는 암말과 교미를 하고 난 후 바다로 돌아가고 싶어 하지 않는다오. 하마는 암말을 죽이기 위해 되돌아오지만, 사람들이

---

* 페르시아 전설에서 100미터 깊이의 분화구에 괴물을 잡아 가둔 솔로몬 왕의 고대 다른 이름이다.

불을 놓아 하마들을 겁주고 암컷을 구하지요. 짐승은 불을 두려워하여 도망가는 법이기 때문이지요. 그러면 하마는 도망을 쳐서 바다로 뛰어든다오. 인간이 어둠을 두려워하듯, 하마는 불을 무서워합니다. 허나 불을 두려워하지 않는 인간의 마음이 얼마나 냉정한지 보시오. (원서 내용 확인 불가) 그리고 다음 봄에는 그 사랑의 결실로 수컷 망아지가 태어난다오. 수컷 망아지가 열 살이 되면 등에 안장을 올리니, 이것이 물에서 말을 데려오는 방법입니다. 우리의 말은 바다에서는 물고기와 같고, 평원에서는 호랑이와 같답니다. 늑대나 사자와 같은 맹수들이 그 수가 아무리 많다 해도, 바실라 말에게 대적하지 못한다오."

아비틴은 이 이야기를 듣고 놀랐다. 그리고 나서 태후르 왕은 사냥한 것을 가져오도록 명했다. 그리고 사냥감들을 이란과 신라(바실라)의 사냥 부대에 똑같이 나누어 주었다. 모두가 만족했다.

태후르의 연회

다음 날, 태후르 왕은 연회를 베풀었다. 그는 아비틴을 초청하여 존경의 표시로 황금 옥좌에 앉게 하였다. 이란의 고위 관료들과 명사들도 모두 연회에 참석해 태후르 왕 주변에 자리하였다. 타이후르의 두 왕자 또한 부친의 옆에 섰다. 그들은 중국식 긴 예복과 왕관을 쓰고 있었다.

맛있는 음식 냄새가 가득한 가운데 요리사들이 음식을 나르고 술을 가져왔다. 아비틴은 그런 음식을 본 적도, 들은 적도 없었다. 100가지 이상의 산해진미가 차려져 있었다. 아비틴은 평생 처음 보는 음식들을 먹기 시작했다.

이란인들은 식사를 마친 후 자리로 돌아왔다. 궁중 나인들은 연회를 준비하고, 풍악을 울렸다. 금으로 만든 악기들은 마치 공작의 깃털처럼 화려했다. 하프와 여러 악기들의 연주 소리는 너무 높아서 별에 닿을 정도였고, 모든 참석자들이 이 소리에 즐거워했다. 여기저기에 금으로 만든 물건과 골동품들이 장식되어 있었다. 또한 신라 왕의 주위에는 그를 행복하게 만드는 갖가지 꽃들이 가득하였다. 궁녀들은 왕에게 올릴 유자, 모과 등 갖가지 과일을 내어왔다. 연회가 열리는 방에는 모두를 몽롱하게 만드는 용연향을 피우고 곳곳에 향주머니를 놓았다.

영웅호걸들은 이내 술을 마시기 시작했고, 그들의 얼굴에 취기가 드러났다. 그들이 술을 마시고 있는 동안, 아비틴은 북소리를 듣고 겁이 나 정신이 들었다. 갑자기 태후르가 쿠쉬에 대해 언급하자 정신이 번쩍 든 아비틴은 술에서 깨기 위해 애썼다.

아비틴이 태후르를 깨우치다

아비틴이 태후르 왕에게 고했다.

"소인과 이란인들은 보호를 청하고자 이 존경하는 왕실에 왔습니다. 전하께서는 공정함을 지니신 분이니 저희들을 정중하게 대해 주십시오."

태후르 왕이 대답하였다.

"현명한 왕인 그대는 그대가 원하는 것을 과인에게 말했으니, 이제 과인의 말을 들어 보시오. 가장 힘들 때 도와주는 신(神)에게 맹세하노니, 과인은 그대를 화나게 할 의도는 없었소. 과인은 그대를 위해 목숨을 바칠 준비가 되어 있소. 최선을 다해 신의를 지킬 것이며, 아무도 그대를 괴롭히지 못하게 할 것이오. 그대를 적에게 결코 내어 주지 않을 터이니, (기분) 나쁜 생각을 하지 마시오. 과인의 무례를 마음에 담아두지 마시오. 우리 선조들은 위대한 왕들이며 아무도 그들과 감히 대적하지 못하였소. 중국과 마친을 두려워하지도 않소. 우리 왕국은 자주적인 섬이기에, 과인은 중국의 제후가 아니오. 이 산에는 이 길을 제외한 다른 길이 없다는 걸 그대도 알고 있지 않소? 우리 왕국은 세상을 둘러싼 바다로부터 가장 큰 창조물 중 하나로 알려져 있소. 또한 양면이 육지를 둘러싸고 있어 어떤 배도 (우리를) 공격할 수 없소. 나머지 다른 길은 중국이나 마친으로 가는 길이니 이란인들의 배가 그 길로 들어올 수 있소. 허나 그대가 일 년간 항해를 해서 무서운 바다를 지난다면, 그대는 카프 산(Qaf Mountain)*과 초원이 연결된 해안에 도달할 것이오. 해안에 도착한 사람 모두는 오랜 항해로 지치고 아플 것이오. 슬프고 부유하지 못한 사람들도 만날 것이오. 그 땅을 건너면 그곳에 곡(Gog)과 마곡(Mogog)**의 땅이 있소. (원서 내용 확인 불가) 그곳에서 카프 산에 다다를 수 있소. 세상의 구조가 천박하다 생각하지 마시오. 카프 산에서 그대는 풍요의 땅 소크랍(Soqlab)***과 로마(Roma)에 도달할 수 있을 것이오. 카프 산 뒤에는 상인들이 많은 도시가 있소. 상인들은 20년마다 이곳으로 양질의 교역품을 가지고 온다오. 그대는 이곳을 그대의 고향이라 여기시오. 짐은 그대를 가족으로 여기고 있소이다. 그대는 낮에는 사냥을 가고, 밤에는 술을 마시며 미인들과 시간을 보낼 수 있을 것이오. 이 도시가 만들어지고, 이 세상에서 우리의 역사가 천 년 이상임을 명심하시오. 짐의 선조가 이 도시를 만들었소. 신(神)의 축복을 받으신 분

---

* 카프(Qaf)는 페르시아어로 '알려지지 않은'이라는 의미이다. 따라서 여기서 카프 산은 '알려지지 않은 산', 또는 '미지의 산'으로 해석할 수 있다.
** 곡과 마곡은 유대-기독교 전통(구약과 신약)이나 이슬람의 꾸란에서 세계의 끝에서 하느님과 정의에 대항하여 전쟁을 일으키는 사탄의 세력을 일컫는다.
*** 슬라브족의 땅을 일컫는다.

이지요. 그분은 자신을 영원히 기억하도록 이 도시에 그의 이름을 붙이셨으며, 그 정신은 영원하다오. 그 누구도 바실라 산에 다다른 적이 없으며, 이곳을 공격하려 한 자도 없소이다."

아비틴은 신라 왕을 칭송하며 고하였다.

"전하께서는 현명하신 왕입니다. 전하께서 말씀하신 것은 잠쉬드의 잠언집에 수록되어 있습니다. 전하께서는 친절하시며 유신론자이시기에 이곳은 소인이 찾을 수 있는 최고의 망명지입니다."

아비틴은 그의 대신 다스토르(Dastoor)에게 잠쉬드의 잠언집을 가져올 것을 명했다.

다스토르가 잠언집을 가져오자 역관은 태후르 왕을 위해 통역하였다. 태후르 왕은 잠언집의 지혜로움을 깨닫고, 잠쉬드의 지식을 칭송하였다. 태후르 왕은 잠언집에 입을 맞추고 눈물을 흘리며 말했다.

"누가 이토록 지혜롭단 말인가? 슬프도다, 이 현명한 왕이 야비한 자에 의해 사라졌도다."

태후르 왕은 아비틴에게 입을 맞추며 말하였다.

"세상의 왕이시여, 신(神)께서 그대를 사랑하시어 쿠쉬와 자하크는 고통스러우리라. 이제 그대는 여기 바실라에 있으니, 걱정하지 말고 행복해지시오. 마음껏 마시고 편히 쉬시오. 달과 태양과 나의 영혼에 맹세하오. 그대가 과인과 함께 있는 한, 과인은 그대를 괴롭히지 아니 할 것이며, 그대를 과인의 영혼처럼 존중할 것이오. 과인은 적들이 그대의 털끝 하나 보지 못하게 할 것이며, 그대에게 더 이상 무례도 범하지 않을 것이오. 과인의 영혼과 재산, 군대가 그대를 보살필 것이오."

그러고 나서 태후르 왕은 서른 명의 아름다운 궁녀를 데려올 것을 명했다. 궁녀들은 악사나 무희였으며, 매력적이었다. 궁녀들의 얼굴은 자볼(Zabol)*의 꽃처럼 아름다웠고, 바빌로니아의 무녀(巫女)와 같이 요염했다. 키가 크고, 얼굴은 선홍색 꽃과 같았으며, 비견할 만한 아름다운 눈썹을 지녔다. 궁녀들이 춤을 추기 시작하자 모두들 춤사위에 놀라움을 금치 못했다.

연회가 끝나자 태후르 왕은 궁녀들을 전부 아비틴에게 하사하였다. 또한 아비틴에게 말 두 필과 양단 그리고 많은 선물을 하사하였다. 루비와 터키석으로 만든 왕관도 하사하셨다. 연회가 끝난 후 아비틴은 떠날 채비가 끝나자 행복한 기분으로 집으로 돌아갔다. 아비틴은 태후르 왕에게 받은 선물을 보고 매우 기뻐했으며 환호했다.

(원문 내용 확인 불가)

바실라 여인들은 달처럼 아름다워 그들이 눈을 뜨면 남자들은

* 이란 서남쪽 아프가니스탄과 접해 있는 도시. 아름다운 야생화로 유명하다.

넋을 잃었다. 모두들 아름다웠다. 도시에 있는 모든 남자와 여인들은 아름다웠고, 그들의 얼굴은 해와 달과 같았다. 그들의 얼굴은 선녀(fairies)와도 같았다. 바실라 사람들은 좋은 목소리를 가지고 있었고, 건강했으며, 모든 사람들이 그들과 결혼하고 싶어했다.

두 도시에 대한 묘사

경험 많은 사람이 말하길, 이 세상에는 바다에 위치한 곳이 두 곳 있다고 한다. 세상에는 이만큼 좋은 곳이 없으며, 이들의 정원만큼 매혹적인 곳도 없다고 한다. 이들 중 한 곳이 우리가 말했던 섬인데, 마치 낙원과도 같은 곳이다.

다른 한 곳에 도달하려면, 일곱 달 동안 항해해야 한다. 그러나 이 여정은 여행자를 늙게 하며, 바다는 엄청난 고통을 안겨 줄 것이다. 그대는 거대하고 위험한 파도가 몰아치는 바다에 도달할 것이며, 노련한 뱃사공이라 하더라도 많은 어려움에 부딪칠 것이다. 바다는 매우 위험하며, 파도는 차례로 일렁일 것이다.

그 후 그대는 '제레(zereh)'라고 불리는 바다에 도달할 것이다. 그곳은 파도가 물결치는 위험한 바다이다. 시야보쉬(Shiyabosh)*가 건넜던 바다이며, 그 후 그는 그의 군대에게 그 바다를 건너지 말

것을 단호하게 명했다.

그대는 구름 위로 드러난 산을 보게 될 것이다. 그 산은 사자도, 늑대도, 호랑이도 지나갈 수 없는 곳이다. 그 산은 수많은 정원과 꽃밭, 튤립과 호로파(fenugreek)**로 가득한 초원으로 뒤덮여 있다.

그곳의 남자와 여자들은 아름답다. 그들은 하늘의 별처럼 아름답다. 그러나 그들의 생은 너무나 짧아서 항상 통곡소리가 들린다.

그대에게 누가, 어떻게, 왜 이 두 도시를 만들었는지 들려주자면, 오직 명석한 자, 이해하는 데 문제가 없는 자들만이 그것을 이해하리라.

아담(Adam)이 이 세상에 나타난 것처럼, 인간은 의구심에 의해 창조되었기에 아담이 오기 전 이 세상은 폐허였다. 그대가 인간이라면 이것을 이해하리라.

중국 왕이 콤단에 도착해 도시를 정비하다

이제 쿠쉬의 이야기로 돌아가 보자. 그리하여 경건한 역사가의

---

* 중앙아시아 투란 왕 아프라시얍 시대의 용맹한 장군. 그의 딸 파랑기스(Farangis)와 결혼했으나 정치적 노선 갈등으로 장인인 아프라시얍에 저항하다 죽임당했다.
** 호로파는 황갈색 씨앗을 양념으로 쓰는 식물을 일컫는다.

이야기를 주의 깊게 들어보자.

중국 왕이 군대를 모아 콤단(Khomdan)* 도시로 갔다.

중국 왕이 행차할 모든 도시는 그의 귀환을 알고 있었다. 백성들은 왕을 행복하게 해 주었으며, 왕이 행차하는 길을 양단으로 장식했다.

중국 왕은 콤단에 도착하여 왕좌에 기댈 때까지 호화로운 여행을 누렸다.

중국 왕이 도시로 들어서자 콤단의 백성들이 그를 환영하여 동전과 사프란(saffron)** 꽃을 그에게 던졌다. 백성들은 벽을 중국 비단으로 장식하였고, 풍악 소리가 도시 전체에 울려 퍼졌다.

백성들은 콤단에 궁궐을 지었고, 수많은 악기를 들여왔다. 백성들은 궁궐에 상아 옥좌를 들여놓았고, 그 위에 왕관을 걸어 놓았다.

백성들은 기뻐하며 쿠쉬를 옥좌에 앉히고, 중국과 모크란(Mokran)의 왕이라 칭했다.

백성들은 백 명의 노예와 엄선된 말 백 필을 금(金) 마구와 함께 쿠쉬에게 바쳤다. 또한 시녀 백십 명과 수많은 보물도 바쳤다.

* 오늘의 베이징을 지칭
** 사프란은 크로커스(crocus) 꽃으로 만드는 샛노란 가루를 말한다.

중국 왕이 바하크에게 보낸 서신과 답신

중국 왕은 아비틴이 바하크에게로 도망간 것에 석 달 동안 고심하고 조사하였다. 쿠쉬는 바하크에게 보낼 서신 작성을 명하였고, 이 서신에서 그는 '반역'이라고 쓰게 했다.

그대의 비밀이 짐에게 탄로 났도다. 짐은 그대가 야비한 아비틴과 함께 있다는 것을 알고 있노라.

그대가 진정 짐의 노예라면, 어찌하여 그 간악한 자에게 피난처를 내주었는가? 그자는 짐의 아들과 짐의 군대, 짐의 영향력으로부터 도망치기 위해 백 가지 속임수를 썼노라. 처음에 그자는 중국의 숲을 떠돌았고, 그자와 수하들은 산속에 칩거하였느니라.

그대가 피를 보지 않으려면, 그들을 한 명씩 체포하여라. 짐이 그자들을 연행하러 군대를 보낼 때까지 잡아두어라.

만약 그대가 역심을 품는다면, 그대 스스로 큰 적을 만들지어다.

중국 왕은 마친으로 즉시 사신을 파견하여 서신을 건넸다
바하크는 사신을 영접하여 서신을 읽고, 중국 왕을 극진히 칭송

하였다. 그리고 그들에게 많은 양단과 디나르* 등의 선물을 하사하였다. 바하크는 또한 답신을 썼다.

중국 왕의 적은 고통과 슬픔으로 가득할 것이옵니다. 중국 왕의 세계는 진실하며, 소신들은 오래전부터 늘 중국의 친애하는 벗이자, 중국 왕의 카리스마를 숭배하였습니다.

폐하께서는 이란 군대가 저희 왕국을 통과했다고 들었을 것이옵니다. 만약 그자들이 폐하께서 찾는 자라는 사실을 알았다면, 소신은 그자들을 도륙할 때까지 먹지도 자지도 않았을 것입니다. 그리고 그들의 수급을 잘라 중국 왕께 보내어 큰 공을 세우고, 제 스스로 명예를 쌓았을 것입니다.

하오나 불행히도 비열한 아비틴은 어두운 밤에 바람과 같이 도망쳤습니다. 소신은 일주일 후에 그 사실을 알아채고, 그들을 찾기 위해 군대를 보냈습니다. 소신의 병사들이 은밀히 바다를 수색했지만, 그곳에서 아무도 발견하지 못했습니다.

아비틴은 그의 군대를 배로 데려갔습니다. 또한 그가 가진 모든 것을 가져갔습니다. 아비틴은 바실라 섬으로 도주했으

---

* 디나르는 중동과 북부 아프리카 일부 국가에서 통용되는 화폐 단위이다.

며, 소신은 아비틴이 태후르 왕에게 갔다고 들었습니다.

만약 아비틴이 소신의 영지를 지나간 일로 폐하께서 화가 나셨다면, 소신은 어떠한 처벌도 달게 받겠습니다. 그리고 폐하께서 어떠한 용단을 내리시든 지당하십니다.

사신은 중국으로 돌아가, 왕에게 아비틴이 어두운 밤에 도주했다고 아뢰었다.

사신이 고한 내용은 답신에도 적혀 있었는데, 거기에도 아비틴이 밤에 도망쳤다고 했다. 바하크는 중국 왕에게 아비틴이 어디로 도주했는지 확실치 않으며, 면목이 없다고 썼다.

쿠쉬가 태후르의 영토를 포위하러 가다

코끼리 이빨(쿠쉬)*은 중국과 마친에 아비틴이 없다는 사실을 알았다. 아비틴은 해로로 바실라의 산에 도착한 뒤였다. 바실라와 싸우기 위해 그는 무엇을 준비해야 하는가?

쿠쉬는 화가 나서 그의 아버지에게 갔고, 왕관을 쓴 아버지 쿠

---

* 아들 쿠쉬의 흉측한 몰골 때문에 코끼리 이빨이란 별칭이 붙여졌다.

쉬에게 고했다.

"현명한 자는 그의 적이 땅속에 묻힐 때까지, 적으로부터 안전하지 않을 것이옵니다. 아비틴이 세상에 있는 한, 자하크 폐하와 중국 왕께서는 안전하지 않사옵니다. 그러니 소자에게 바다로 갈 군대를 내주시옵소서. 섬을 포위하는 것 외에는 다른 방법이 없사옵니다. 바실라 하늘보다 높고, 산과 바다가 군대로 가득 찬다면, 소신이 산을 평지로 만들 것이며, 바다를 그들의 피로 붉게 물들일 것이옵니다. 그리고 소신이 태후르와 아비틴의 수급을 바로 중국 왕께 보내겠나이다."

왕은 그의 말에 웃으며 하답하였다.

"왕자는 패기 있는 젊은이로다. 그러나 왕자가 바다로 가려면 일단 때를 기다려야 한다. 왜냐하면 제왕의 카리스마를 지닌 자하크 폐하와 수많은 지식인, 조언자들도 태후르인들(신라인들)을 소탕할 해결책을 찾지 못했기 때문이다. 바다로 짐의 군대를 파견하는 것이 유일한 해결책이나 중국인도, 마친인도 아비틴을 쫓아 바실라(신라) 섬으로 파견하지 아니할 것이다. 섬을 오가는 상인들의 수가 줄어든다면 백성들이 분노할 것이기 때문이다. 대신 섬을 1년 정도 봉쇄한다면 신라인들은 안전을 위해 우리에게 올 것이고, 그리하면 태후르는 짐의 군대나 그대의 손끝 하나 다치는 일 없이 아비틴을 넘겨 줄 것이오."

쿠쉬는 아버지에게 고했다.

"현명한 지도자여, 이보다 더 좋은 계책은 없을 것이옵니다. 하오나 이 일은 소자의 소관이옵니다. 전쟁과 복수는 소자의 인생의 일부입니다. 소신은 수군을 이끌고, 물고기나 새조차도 통과할 수 없도록 길을 봉쇄할 것이옵니다. 1년 안에 아비틴을 잡아 아버님께 바치겠나이다."

왕이 쿠쉬에게 말했다.

"용맹한 자여, 짐은 왕자를 멀리 보내고 싶지 않소. 짐의 병사는 하늘의 별보다 많으니 짐과 더불어 즐기면서 좀 더 머무르라. 짐은 그 누구도 꿈속에서조차 본 적이 없는 바다로 군대를 파견할 것이오."

쿠쉬는 중국 왕에게 고했다.

"소자는 아비틴을 척결할 때까지 편히 쉴 수 없나이다. 소자는 그자를 죽일 때까지 평온해질 수도, 행복해질 수도 없을 것입니다. (그래서) 연회를 즐긴다는 생각은 어리석은 것입니다. 근심거리가 없고 골칫거리가 없는 자만이 연회를 베풀 수 있습니다. 술을 마시고 연회를 즐기는 것은 그러한 자에게 어울리는 것입니다. 전하께서 현명하시다면, 실로 그러한 자를 이 세상에서 찾으실 수 없을 것이옵니다. 술은 고통과 슬픔을 치유하지만, 슬픔에 젖은 행복은 행복이 아니옵니다. 전하께서 술을 멀리하지 않으시니 전하의 총기가 흐려질까 염려되옵니다. 하오나 소자는 살아 있고, 적은 다른 곳에 있사옵니다. 그러니 소자가 어찌 술을 마실 수 있겠습니까? 소자가 적을 소탕한 후, 한 잔의 술을 기울이는 것이 마땅한 줄로 아옵니다. 폐하께서 적에 대한 근심을 내려놓으신다면, 그제야 소자는 세상의 이치를 깨닫게 될 것이옵니다. 잠쉬드의 아들들이 살아 있는 한, 소자는 그들과 싸울 방책만을 생각하나이다."

중국 왕은 쿠쉬의 말에 기꺼웠고, 왕자의 지략과 생각에 감탄하였다.

중국 왕은 국고를 열도록 명하여 1년 동안의 장비를 내주었다. 또한 그의 군대에서 전투에 능한 오천 명의 병사를 선발하여 쿠쉬에게 주었다. 쿠쉬는 군대를 정비하여 서둘러 떠났다.

용맹한 쿠쉬는 마침내 바다에 도착했다. 바다는 참으로 거칠었다. 쿠쉬는 말에서 내려 주위를 둘러보고, 곳곳에 보초병을 세웠다. 또한 배를 준비하여 부지런한 병사들을 골라 배에 태웠다. 쿠쉬는 병사들에게 많은 충고를 한 후 바실라로 보냈다.

한편 쿠쉬의 움직임을 알아챈 바하크는 그의 계획을 알아내기 위해 산해진미와 다양한 카펫, 수많은 말들을 가지고 쿠쉬를 찾아갔다.

태후르에게 보내는 코끼리 이빨 쿠쉬의 서신

쿠쉬는 또한 태후르에게 서신을 썼으며, 그에게 일단 충고부터 할 것이라 일렀다.

그대에게는 산 이외에 달리 피난처가 없으며, 그대는 중국 왕만큼 위대하지도 않다. 이달 이내로 심한 타격을 받게 될 터이니, 주제넘게 행동하지 말지어다. 흑사(黑蛇)는 죽을 때가 되면 둥지 밖으로 나오는 법이네. 많은 이들이 중국 왕의 노예를 자처하고 있으며, 그들 중 어떤 이들은 자네보다 강하거나 높은 자들일세. 그들은 중국 왕에게 무례를 범하지 않으며, 항상 왕의 위대함을 칭송하네.

그대, 이 어리석은 자여, 무례를 범하면 바실라 왕을 벌할 것이다. 어찌하여 중국 왕의 적이 그대에게 왔을 때 체포하지 않았는가! 그대는 해야 될 일과 해서는 안 될 일을 구분하지 못했다. 그 사악한 자가 도망쳤을 때, 왕의 사람 그 누구도 그자들을 구하려 하지 않았도다. 오직 그대만이 아비틴에게 피난처를 제공한 유일한 자일세. 그리하여 그대는 아비틴과 같이 중국 왕의 적이 되었도다.

그대가 사리분별을 할 수 있는 자라면, 비열한 자(아비틴)

를 체포해야 할 걸세. 그대는 그자들을 벌하지 않음으로써 중국 왕을 화나게 했도다. 만약 그대가 짐의 충고에 따르지 않는다면, 짐의 처벌을 두려워하지 않는 것으로 여기겠네. 그리하여 짐이 말을 타고 전쟁을 선포한다면, 그대는 짐의 결정을 바꿀 수 없을 것이다.

짐은 이 세상에서 가장 용맹하시고, 동양에서 가장 위대하신 중국 왕에게 맹세하노라. 짐은 마음속에 그대를 향한 복수심을 품고 있으며, 바다가 피로 뒤덮일 때까지 멈추지 않을 것이다.

파수병들이 지켜보는 가운데 쿠쉬의 사신이 해안 요새에 도착했다. 파수병들의 수장이 사신 일행에게 물었다.

"그대들은 어이하여 이 산과 바다를 건너왔는가?"

사신이 답했다.

"진실한 자여, 침착하시고 화내지 마십시오. 우리는 여기 싸우러 온 것이 아니라 중국 왕의 서신을 전하러 왔습니다. 우리는 왕에게 서신을 전하기 위해 한 달 동안 바다를 건너왔습니다."

파수대는 즉각 바실라로 파발을 띄워 왕에게 사신 일행에 대해 고하였다. 왕은 전갈을 받은 후 백 명의 병사들을 보냈다.

사신 일행이 바실라를 정복할 수 없을 거라는 상황을 깨달았을 때, 파수병들은 그들을 왕에게 데려갔다. 사신 일행은 혼잣말로 중얼거렸다.

"쿠쉬의 생각이 틀렸도다. 만약 쿠쉬가 하늘에 가서 별이 된다면 누가 이 왕국을 공격할 것인가! 아무쪼록 연통을 보낼 자를 찾아야 한다."

쿠쉬에게 보낸 답신

사신은 태후르 왕을 알현하고 서신을 올렸다. 태후르 왕은 무례한 언사로 가득 찬 서신을 보고 말했다.

"태생이 악한 자는 생각이 없노라."

태후르 왕은 너무나 화가 나서 망나니를 불러 두 사신의 목을 베라고 명하였다.

아비틴이 이 사실을 알고, 즉각 왕에게 전갈을 보냈다.

왕이시여! 폐하는 위대하신 왕입니다. 사신을 잘 대접해야 합니다. 세상의 위대한 왕은 역사에 사신을 무자비하게 박대하였다는 기록을 남기지 않습니다. 왜냐하면 그들은 일개 신하일 뿐 명령을 내릴 수 있는 권력자가 아니기 때문입

니다. 코끼리 이빨(쿠쉬)을 분노케 할 답신을 준비하라 명하
십시오.

태후르는 아비틴에게 서신을 보내 쿠쉬에게 전할 내용을 통보
하였다.

그는 경멸스럽게도 우리를 죽이겠다고 위협했소이다. 허
나 짐은 그대가 말한 대로 할 것이요. 짐은 그대 덕분에 마
음을 바꾸었소. 그대가 짐 대신, 짐의 입장에서 그 악인에게
답신을 쓰도록 하시오.

아비틴은 그 서신을 받고, 중국 왕에게 답신을 썼다.

짐은 중국 왕의 모욕적인 서신을 읽었소. 비열한 자가 그
러한 서신을 쓰는 것은 당연하오. 짐은 중국 왕이 얼마나 어
리석은지 궁금해 마지않으며, 중국 왕은 아직 스승에게 제
대로 배우지 못한 듯하오.
그 누구도 중국 왕에게 우리에 대한 정확한 정보를 주지
않은 듯하오. 또한 신라의 행운과 산에 대해 모르고 있는 듯
하오. 만약 중국 왕이 모른다면, 다른 이들에게 물어보시오.

중국 왕은 애송이에다 너무나 어리석기 때문이오.

짐은 명실공히 이 세상에서 짐보다 더 높은 이는 보지 못
했소. 짐의 선조들 중에 누가 중국 왕의 노예였는가? 실로
모든 선조들은 왕이셨으며, 신의 자식이었네. 중국 왕은 그
대를 왕으로 섬기고 그대의 노예로 여기는 바하크나 다른
이들이 짐과 같다고 생각하는가?

만에 하나 대규모의 군대가 바실라를 공격한다면, 맹서컨
대 짐은 군대를 모을 필요도 없을 것이오. 과인은 단 한 명
의 병사와 돌 한 조각으로 중국 왕의 군대를 쳐부술 것이오.

이 사태의 결말에 대해 곰곰이 생각해 보시오. 그리고 과
인의 말에 조금의 의심도 품지 마시오.

아비틴은 서신을 작성한 뒤 태후르 왕에게 보냈다.

태후르 왕은 서신을 읽고, 아비틴의 지혜에 탄복했다. 태후르 왕
은 사절단에게 답신을 내리며, "그대의 목이 달아나지 않은 것을
행운으로 알라."라고 말했다. 이어서 "만약 중국 왕이 이런 서신을
또다시 보낼 시에 사신들은 무사치 못할 것이다. 과인은 사신들을
바다에 던져 고기밥이 되게 할 것이다."라고 말하였다.

사신들은 겁에 질려 밖으로 나갔다. 그리고 떠나는 길에 요새
주변을 둘러보았지만, 공격할 만한 장소를 찾을 수 없었다. 그들은

공격할 만한 곳이 없다는 사실에 놀라움을 감출 수 없었다.

이윽고 사신들은 바다에 도착해 배에 올랐고, 바람이 불어온 덕분에 쿠쉬에게 금방 도달했다.

쿠쉬가 국경에 있는 성을 공격하다

사신들은 쿠쉬에게 서신을 올리며, 그들이 본 것을 고하였다. 쿠쉬는 서신을 읽고 너무 화가 나서 피가 거꾸로 솟을 지경이었다. 쿠쉬는 즉시 군대를 정비하여 배에 싣고, 바실라로 출정할 것을 명했다.

사신이 쿠쉬에게 아뢰었다

"용맹한 분이시여! 폐하의 군대를 전멸시키려 하나이까? 부디 소신의 충언을 받아들이시어, 죽음과 싸우지 마시옵소서. 만약 폐하께서 바람이 되시고 폐하의 군대가 구름이 된다 하여도, 만약 전하께서 사자가 되시고 폐하의 병사들이 호랑이가 된다 하여도, 전하께서는 바실라의 산에 상처 하나 입히지 못할 것이오며, 폐하와 병사들은 치욕을 안고 돌아올 것이옵니다."

사신의 충언을 들은 쿠쉬는 얼굴을 찌푸렸다.

쿠쉬는 모든 장비를 구비하여 배에 싣고, 준비가 끝난 배에 올랐다. 1만 2천 명의 전투에 능한 병사들도 배에 태웠다. 배에 오른 병사들은 소리 내어 맹세하며, 전투태세를 갖추었다. 실제로 쿠쉬는 사신이 돌아오자마자 산으로 돌격할 것을 명령했다.

아비틴은 태후르 왕에게 서신을 보내 다음과 같이 아뢰었다.

> 성으로 지원군을 보내십시오. 도움이 될 것입니다. 태생이 악한 자는 교활하기 그지없기 때문에 중국 왕은 속임수와 계책에 능할 것입니다. 쿠쉬는 비열하고 천박하기 그지없기 때문에 태산과 같은 적이옵니다. 그리하여 국경에 소규모 지원병을 보내신다면, 안심할 수 있을 것입니다.

태후르 왕은 아비틴의 전갈을 받자 웃으며 대신에게 말하였다.

"아비틴은 과인이 쿠쉬를 두려워하여 기겁하는 이란인들과 같은 줄로 아는가 보오. 쿠쉬가 바람이 된들 이 섬의 털끝 하나 건드릴 수 없음을 아비틴은 모르오."

그 후로 며칠 동안 존경받는 왕 태후르는 깊은 생각에 잠겼다. 그리고 숙고 끝에 아비틴의 제안을 받아들여 최고의 정예병을 뽑았다. 태후르 왕은 국경 수비를 지원하기 위해 그들을 보내며, 다음과 같이 명령하였다.

"그대들과 국경 수비대는 밤낮으로 경계할지어다. 다음 달 초,

과인이 다른 지원군을 보내면 돌아오도록 하라. 중국군이 퇴각할 때까지 병사들을 잘 통솔해야 할 것이다. 적군이 국경에서 퇴각한 후에야 과인은 안도할 것이니."

태후르 왕은 채 300명이 안 되는 군대를 국경 수비대로 보냈다.

그러나 칠흑같이 어두운 밤, 불행히도 국경 수비대는 지원군이 미처 도착하기 전에 쿠쉬와 철갑으로 무장한 병사들의 공격을 받았다. 쿠쉬는 복수심과 잔인함에 불타올라 성으로 잠입했다. 잠입 부대는 술에 취해 곯아떨어진 파수병들이 일어날 틈도 주지 않고 검을 뽑아 그들을 도륙하였다. 파수병들은 손 쓸 새도 없이 침대에서 살해당했다.

이는 파수병들이 과음한 탓이다. 그러니 현명한 자여! 술을 마시지 말지어다. 술은 나쁜 결과만 초래할 뿐이며, 지옥으로 가는 열쇠이다.

쿠쉬는 병사들에게 전갈을 보냈다.

짐이 국경에 있는 성을 점령했노라. 즉시 상륙하여 성으로 향하라.

쿠쉬의 군대가 성에 당도할 즈음 태후르의 지원군도 요새 근처에 다다랐다. 태후르의 병사들은 요새가 쿠쉬가 이끄는 적들에 의

해 함락되었다는 사실을 알아차렸다. 지원군의 장수는 군대를 정비하여 전투를 알리는 신호를 울리는 한편, 왕에게도 병사를 보내 성이 함락되었음을 알렸다.

　　쿠쉬가 파수대를 몰살했습니다. 지원군을 보내 주지 않으신다면, 소신들은 몰살당할 것입니다.
　　쿠쉬는 삼엄한 경비 속에 그의 군대의 지지를 받고 있습니다.

쿠쉬의 패배

　산 정상에서는 수많은 큰 돌들을 굴러 떨어뜨렸고, 산 아래에서는 정상을 향해 화살을 쏘았다. 전쟁은 이렇게 이틀 밤낮 계속되었고, 악마는 점차 싸움에 지쳐 갔다.
　(쿠쉬의) 용맹한 장수들은 허리에서 피를 쏟으며 쓰러졌고, 병사들은 돌에 맞아 죽어 갔다. 쿠쉬는 산을 점령하는 데 결국 실패하고, 자신의 수많은 병사들의 시체를 바라보았다. 그들의 피가 흘러 바다를 붉게 물들이고 있었다.
　반면 태후르 진영에는 또 다른 지원군이 당도하였고, 그들은 곧

바로 참전했다. 좁은 입구는 바실라군이 도륙한 수많은 기병들의 시체로 가로막혔다. 태후르의 병사들은 이 좁은 입구를 뚫고 나가 국경에서 적을 격파했다.

상황이 불리해지자 쿠쉬는 해안으로 퇴각하였다. 용맹한 전사들로 가득했던 진영에는 단 700명의 병사만이 남았고, 아비규환 속에서 목숨을 부지하고자 도주하는 배에 올랐다.

전투의 참혹한 상황을 보고받은 태후르는 아비틴과 군대를 이끌고 국경으로 향했다. 전장으로 가는 도중 태후르에게 낭보가 도착했다.

"추한 이교도가 도망갔습니다. 그의 병사 중 살아남은 자는 천 명이 채 안 되며, 그들 중 대부분이 죽거나 부상당했습니다."

태후르 왕은 크게 기뻐하며 아비틴에게 달려갔다. 왕은 아비틴의 얼굴과 머리에 입을 맞추고 포옹하며 말했다.

"그대가 옳았네, 세상에 그대보다 영리한 자가 그 어디에 있겠는가?"

태후르는 자신의 경솔함을 깨달았고, 아비틴은 왕의 칭송에 기뻐했다.

태후르 왕은 뛰어난 건축공들에게 국경을 정비할 것을 명했다. 건축공들은 산보다 더 큰 철문을 설치하였다. 이로써 쿠쉬의 공격에 대한 근심을 덜었다.

쿠쉬가 아버지에게 보낸 전갈과 그 답신

한편 쿠쉬와 병사들은 바다를 건너 육지에 도착했다. 그들은 배에서 장비를 내리고는 성문에 다다랐다.

쿠쉬는 아버지에게 유능한 사신을 보내 그간의 사정을 전했다.

소자는 그 섬(신라)을 정복하고자 비밀 작전을 펼쳤습니다. 하오나 소자에게 운이 따르지 않았고, 병사들도 전투에 능하지 못했습니다.

병사들은 산에서 무수한 돌들이 굴러 떨어지자, 전장에서 도주하여 싸우려 하지 않았습니다. 이러한 까닭에 병사들은 전사하거나 부상을 입었고, 겨우 칠백 명만이 살아남았습니다.

지금 소자는 해안에 도착했습니다. 소자는 자신의 책무를 소홀히 하지 않겠나이다.

이 소식을 들은 중국 왕은 화가 치밀어 올라 왕관을 집어던졌다. 중국 왕은 아들의 그릇된 아집이 또 한 번 군대를 전멸시켰다고 생각했다. 중국 왕은 사신에게 말하였다.

"아비의 말을 듣지 않는 자는 운이 따르지 않는 법이다. 젊은이가 현명하여 세상의 이치를 깨달을 수는 있으나, 경험이 많은 노인에 비하면 애송이에 불과하느니. 아비가 그릇된 조언을 하더라도 악의가 있는 것이 아니니라. 아비가 천성이 악한 자일지라도 자신의 아들에게 악한 짓을 저지르지 않는 법이니라. 짐은 왕자에게 수군을 움직이지 말 것을 충고하였다. 자한고샤(Jahangosha) 왕이라도 지혜만으로 정복할 수는 없도다. 왕자는 짐의 명을 따르지 않아 군대를 전멸시켰다. 그리고 또 한 번 잘못을 저질렀으니, 피의 희생과 신념을 살피지 않은 것이다. 왕자는 한 구덩이에서 뱀에게 두 번 물린 자의 이야기를 들어본 적 있느냐? 경솔함은 인기를 나타내는 징표가 아니다. 거만함으로 어떤 결과를 얻으려 하느냐? 진실한 자는 서두르지 않는 법이다. 서두르면 지혜가 달아나기 때문이다. 신이 왕자를 도왔도다. 군대는 패했지만, 왕자가 무사해서 신에게 감사하도다. 잠시 그곳에 머무르되, 바실라 섬은 공격하지 말지어다. 어려움이 닥치면 태후르가 협상하러 올 것이다. 그때가 되면 그자는 왕자에게 적어도 적 일부를 내어 줄 것이다. 그러면 왕자의 동지들은 기뻐할 것이다. 그리고 과인은 왕자에게 군자금과 군수용품, 지원병, 그 외에 왕자에게 필요한 모든 것들을 보내 줄 것이다."

사신이 쿠쉬에게 중국 왕의 말을 전하자, 쿠쉬는 군대를 소집했다.

"왕께서 반대만 하지 않으셨어도, 그 섬을 정복했을 터인데. 나는 성을 함락시키고, 태후르에게 위대한 가르침을 주었을 것이다. 도시를 정복하는 데 불과 1마일밖에 남지 않았다. 하지만 이것이 신의 뜻에 어긋날 때, 용기와 군사력은 도움이 되지 않는 법이다."

해안에 도착한 쿠쉬와 그의 군대는 새와 바람조차도 통과하지 못할 정도로 모든 길을 철저히 봉쇄하였다. 포위 작전은 연말까지 계속되었으며, 그 어떤 배도 섬을 통과하지 못했다.

하지만 바실라 섬에는 식량이나 의복 등 경제상의 그 어떠한 문제도 발생하지 않았다.

쿠쉬가 아버지의 서거를 전해 듣다(쿠쉬가 왕위를 계승하다)

동쪽의 왕이 서거하여 저 세상으로 갔다는 소문이 들렸다. 그 나라, 즉 중국에는 왕이 없어 왕좌가 비어 있으니 이제 왕관은 쿠쉬의 것이다. 조정의 적을 두려워한 쿠쉬는 즉시 군대를 소집해 서둘러 입성하였다.

쿠쉬는 아버지의 왕관에 모래를 뿌렸고, 슬픔에 겨워 옷을 찢었으며, 아버지의 죽음에 통곡하였다.

쿠쉬는 7일 동안 곡을 했으며, 8일째 되는 날 곡을 멈추었다. 아버지의 자상함을 잊는 것은 자식의 본성이니, 이제 사흘 후면 쿠쉬는 아버지의 자상함을 잊을 것이고, 아버지의 죽음을 떨쳐 버릴 것이다.

현명한 자는 타의 모범이 된다. 사라진 모든 이들은 마음속에서도 잊힐 것이다.

8일째 되는 날 쿠쉬는 왕좌에 앉았고, 왕국의 모든 군대가 조정에 소집되었다. 왕의 군대가 쿠쉬에게 보석을 뿌리며 동양의 왕이라 칭하였다.

태후르와 아비틴이 중국 왕의 서거를 전해 듣다

해안에서 쿠쉬와 그의 군대가 흔적도 없이 퇴각하자, 바하크를 괴롭히던 두려움이 사라졌다. 바하크는 용맹해졌다.

바하크는 태후르에게 이 낭보를 전하였다.

중국 왕이 서거하였습니다.
쿠쉬의 군대가 바실라 해역에서 퇴각하였으며,
그들은 큰 슬픔에 잠겨 분노하고 있습니다.

태후르 왕은 기쁘기 그지없었으며, 아비틴과 그의 신하들도 기뻐하였다. 그들은 바하크 왕에게 사신을 보냈으니, 답신을 비롯해 말, 고급 의복, 디나르 등 많은 선물을 함께 전할 것을 명하였다.

친애하는 바하크 왕이여!

우리는 전하께서 주신 좋은 소식에 기쁘기 그지없습니다.

우리는 항상 자하크와 쿠쉬에게 그런 일이 일어나기를 기다리고 있었습니다.

기쁨에 겨워 바실라와 이란 군대가 눈물을 흘렸나이다.

우리는 전하의 좋은 소식에 감사드립니다.

전하는 우리의 왕에게 은혜로우신 분이십니다.

사신은 즉시 마친으로 떠났으며, 바하크 왕에게 무사히 서신을 전하였다.

코끼리 이빨 쿠쉬가 누샨을 대신으로 택하다

왕위에 오른 쿠쉬는 정사를 돌보기 시작하였다. 위대한 쿠쉬에게는 선견지명이 있고 현명한 베흐마르드(Behmard)라는 대신이 있었다. 아버지 쿠쉬와 그의 대신 베흐마르드가 세상을 떠나고, 왕위에 오른 쿠쉬는 베흐마르드의 외동아들 누샨을 대신으로 택했다.

쿠쉬가 누샨에게 하명하였다

"세상의 왕(자하크)께 이 문제를 아뢰어야 할 것이다. 짐을 대신하여 세상의 왕께 서신을 작성하여 그간의 사정을 고하여라. 짐의 왕위가 부끄럽지 아니하도록, 자하크 폐하의 의중을 여쭤 보아라."

누샨은 엎드려 고하였다.

"황공하옵니다. 소신은 전하의 충직한 종이옵니다."

자하크에게 보내는 쿠쉬의 서신

잠시 후 누샨은 서기를 불러 자하크 왕에게 서신을 쓸 것을 명하였다.

폐하, 만세 태평성대를 누리소서.

폐하, 신(神)의 뜻으로 만수무강하옵시고, 종묘와 사직을 굳건히 하옵소서. 하늘의 별과 같이 수많은 군대를 지니시어 부국강병을 이루소서. 폐하께서는 소신의 아비의 죽음을 알고 있을 것이옵니다. 신(神)의 뜻으로 폐하께서는 천수 (天壽)를 누릴 것이오며, 온 천하가 폐하 앞에 무릎을 꿇을 것이옵니다.

아뢰옵기 황공하오나 소신은 밤낮으로 폐하를 모실 준비가 되어 있습니다. 위대한 폐하의 적들을 소탕하기 위하여 그들의 성을 거대한 울음바다로 만들겠습니다.

아비틴은 10년 동안 산이나 평야에서 신출귀몰하게 싸워왔습니다. 그럼에도 아비틴은 성공하지 못하자, 바실라 산으로 도망갔습니다. 소신과 아비틴의 싸움은 4년 동안 지속되었으며, 소신이 (신라의) 산과 바다를 봉쇄하였습니다. 소신에게 1년의 말미를 주신다면, 적들을 소탕할 수 있을 것입니다. 소신은 폐하의 명을 따를 준비가 되어 있습니다. 소신이 폐하 앞에 엎드리러 가야합니까? 아니면 (신라의) 봉쇄를 계속하오리까?

신은 기꺼이 이 한 몸 바쳐 폐하의 명에 따를 것이옵니다.

그리고 나서 쿠쉬는 국고를 열어 갖가지 선물을 마련하였다. 금은보화와 값비싼 옷들을 수십 마리의 낙타에 실었다. 인도산 검과 방패도 가득 실었다. 하얀 재스민보다 아름다운 시녀들도 보냈다.

또한 쿠쉬는 그의 군대에서 전투에 능한 기병 2천 명을 뽑아 대신 누샨에게 내주며, 자하크의 조정에 도착할 때까지 멈추지 말고 바람처럼 달릴 것을 명했다.

공녀와 진상품들을 넘겨받은 누샨은 기마병들을 지휘하여 재빨리 달려갔다. 그는 조정에 당도할 때까지 단 두 곳에서만 멈추었다.

한편 자하크 왕은 그의 형제, 중국 왕의 죽음을 알게 되었다. 그리고 쿠쉬가 왕위에 올랐다는 것도 알게 되었다. 자하크 왕은 누샨이 도착했다는 소식을 듣고, 영접할 것을 명했다.

자하크 왕은 먼 곳에서 온 누샨과 사절단이 아름다운 정원이 딸린 숙소에서 머물게 하였다. 풍성한 음식과 물품, 그들이 필요로 하는 것은 무엇이든 하사하였다.

누샨 일행은 일주일간 여독을 푼 후, 8일째 되는 날 조정에 나갔다. 누샨은 자하크 왕을 뵙자 머리를 조아려 절을 했다.

중국의 대신은 고하였다.

"폐하, 만수무강하옵소서."

그리고 즉시 왕에게 서신을 올리고, 선물을 진상하였다.

자하크 왕은 서신과 진상품들을 받고서, 역관에게 서신을 읽으라 명했다.

왕이 서신의 내용을 전해 듣고서 (원문 내용 확인 불가) 그리고 나서 (원서 내용 확인 불가) 하문하였다.

"다른 전갈은 없느냐?"

누샨이 대답했다.

"충직한 왕(쿠쉬)께서 전하라 하셨습니다."

대신은 쿠쉬의 말을 옮겼다.

"소신은 그간의 일을 폐하께서 알고 계시다는 것을 알고 있사옵니다. 소신은 인도산 검으로 60년 동안 전쟁을 했습니다. 우리들은 밤낮으로 산이나 평야에서 신출귀몰하게 싸워 왔습니다. 소신이 아비틴의 아들의 목을 베었으나, 그자는 아비틴만큼 용맹하지 않았습니다. 소신이 아비틴의 아들의 수급을 조정으로 보냈으며, 그의 군대를 소탕하였습니다. 아비틴의 잔당들은 뿔뿔이 흩어져 도망을 다니다 어두운 밤 (비밀리에) 바다를 건넜습니다. 아비틴은 태후르에게 가서 망명을 요청했으며, 소신이 바실라의 산과 바다를 즉시 봉쇄하였습니다. 소신의 아비가 세상을 떠나지만 않았더라도! 아비의 죽음이 소신을 절망의 나락으로 떨어지게 하였습니다. 한 번 더 소신을 도와주신다면, 바다를 건널 것이옵니다. 바실라 산에서 적들을 소탕하여 아비틴 잔당의 무리들을 붙잡아 폐하께 바치겠습니다. 지금 소신은 아비의 죽음을 애도하며, 군대를 정비하고 있습니다. 소신은 중국에서 전략을 세웠으며, 이는 천하의 왕이신 폐하께서 탄복할 만할 것이옵니다. 소신은 폐하의 명을 받자올 수 있기를 기다리겠나이다. 폐하께서 조정으로 오라 명하시면 당장 가겠나이다. 소신은 몸을 낮추어 폐하께 갈 것이며, 폐하를 숭배하러 갈 것이옵니다. 만약 소신이 봉쇄를 지속한다면, 아비틴 잔당들을 참수할 수 있을 것이옵니다.”

자하크는 쿠쉬의 전갈을 전해 듣고, 한 번 더 신중을 기했다.

자하크 왕이 말했다.

“쿠쉬는 짐의 아들을 닮았도다. 그가 어떠한 자인지 고하라.”

누샨이 아뢰었다.

“왕이시여, 폐하께서는 천하제일의 왕이시옵니다. 쿠쉬는 전장에서 무장한 코끼리와 같으며, 이글이글 타는 불과 같이 분노에 휩싸입니다. 쿠쉬에 비하면 그의 군대는 한 명의 병사에 불과하며, 그의 앞에서라면 용도 뱀에 불과하옵니다. 쿠쉬에게 맞서는 자는 사자 앞에 여우와 같이 연약하옵니다. 쿠쉬는 날아가는 새도 화살로 잡사옵니다. 쿠쉬는 한 주먹으로 기병을 멈추게 하였으며, 용감한 기병을 말에서 떨어뜨렸사옵니다. 쿠쉬는 아랍 혈통의 말보다 빠르며, 한 방에 코끼리의 발굽을 부러뜨렸습니다. 쿠쉬 왕에게 2년의 말미를 주신다면, 적들을 소탕할 것이옵니다. 쿠쉬 왕이 적에게 되돌아갔을 때, 그분은 아비틴의 아들을 죽였나이다. 쿠쉬 왕은 바실라의 전장에 이르기까지, 평야에서 너무나 많은 전투를 치렀습니다. 쿠쉬 왕의 유일한 문제는 추악한 얼굴입니다. 나무 몸통같이 큰 이빨이 두 개가 있고, 두 귀는 마치 코끼리의 귀처럼 길고 넓으며, 푸른 눈을 지니고 있습니다. 쿠쉬는 너무나도 이기적이고 성질이 급하고 포악하여, 사자가 쿠쉬를 보더라도 무서워할 것입니다. 하오나 쿠쉬 왕은 전장에서는 불과 같이 두려움을 모르는 용맹한 영웅이옵니다."

왕이 하답하였다.

"그대는 지혜롭지 못하도다! 남자의 기질은 반항적인 태도에 있느니라. 왕의 마음은 불과 같도다. 반역의 불씨가 아니라면, 쿠쉬는 반항적일 뿐이다. 불의 아름다움은 타들어 가며, 오래도록 불꽃을 피우는 것이다. 불과 같지 않은 사자는 개와 다를 바 없다. 파도가 몰아치면 두려움을 느끼며, 파도가 고요하면 주의하지 않는 법이다. 설령 쿠쉬가 성미가 급하고 반항적이더라도, 짐은 쿠쉬가 마음에 들었도다. 반항심과 기교는 남자에게 필요하며, 여자와 잠자리를 하는 것은 즐거움이도다."

자하크 왕이 대답하고는 자리를 떠났다.

누산은 밤이 되었음을 알았다.

자하크가 코끼리 이빨 쿠쉬에게 보내는 답신

밤이 지나고 햇살로 사방이 금빛으로 물들었을 때, 자하크 왕이 서기에게 답신을 쓸 것을 명했다.

자하크 왕이 말하였다.

짐의 친애하는 아들, 그대는 짐의 소중한 핏줄이다.

짐은 그대의 서신을 전해 받고, 적이 약해졌음을 확신하였도다. 짐은 그대의 왕위 계승을 윤허하였으며, 그대는 눈에 넣어도 안 아플 정도로 짐에게 소중하도다. 짐에게 그대보다 더 소중한 이도, 더 존귀한 이도 없도다. 짐은 그대에게 왕국을 줄 것이다. 그대는 짐의 장남과 같다.

누산이 짐에게 그대에 대해 고했을 때, 그대를 만나고 싶어졌다. 그대가 이 서신을 읽으면, 잠시도 지체하지 말고 짐의 조정으로 오라. 그대가 온다면, 짐은 그대의 적들이 시기할 만한 환대를 베풀지어다.

서신을 다 쓰자, 자하크 왕은 중국의 대신을 불렀다.

자하크 왕은 서신을 누산에게 건네며, 쿠쉬에게 지체 말고 올 것을 하명하였다. 그리고 말하였다.

"짐은 중국이 패망할까 걱정스럽고 두렵도다. 산과 평야는 군대로 가득 찰 것이며, 일곱 왕국에서 바실라에 군대를 파견할 것이다. (그렇지 않으면) 짐이 그대(쿠쉬)의 밝은 얼굴을 보기 위하여, 그곳으로 행차할 것이다. 만약 짐이 그곳으로 행차한다면, 적의 군대가 그대의 군대를 전멸시켰을 것이다. 만약 그대가 지치고 곤경에 처한다면, 짐에게 오는 것이 좋을 것이다."

그리고 나서 자하크 왕은 누샨에게 많은 선물을 하사하였으며, 또한 진귀한 선물도 하사하였다.

그 후 누샨 사절단은 중국으로 떠났으며, 여정 내내 기쁨으로 가득 찼다. 사절단은 중국에 당도하기 전에 열 곳에서 행렬을 멈추었으며, 좋은 소식을 알리고자 열 명의 기병을 보냈다.

쿠쉬는 누샨 일행이 당도했다는 소식을 듣고, 현명한 신관(神官)에게 누샨을 환영하러 갈 것을 명했다. 쿠쉬 역시 누샨 일행을 환대하기 위해 직접 1마일이나 마중 나갔다.

누샨이 멀리서 쿠쉬 왕을 보고는 엎드려 절을 한 후 달려 왔다. 누샨는 쿠쉬의 발과 등자에 입을 맞추며 인사를 올렸다.

쿠쉬는 누샨과 손을 맞잡으며, 말에 오를 것을 명하였다. 쿠쉬는 자하크와 조정, 궁궐에 대해 하문하였다. 또한 군대와 왕관, 왕좌, 보물, 코끼리, 왕국에 대해 하문하였다.

누샨은 자하크 왕은 해와 달보다도 더 고귀한 분이라 고하였다.

"자하크 폐하의 왕관은 빛이 나며, 외교술과 타고난 재주를 지니셨습니다. 자하크 폐하의 군대는 별과 같이 많으며, 폐하의 어좌는 신의 은총으로 하늘과 같이 넓사옵니다. 자하크 폐하의 근엄함은 용과 같아서 맹수와 사자를 두렵게 하옵니다. 자하크 폐하의 치세로 태평성대를 이루어 폐하의 명성과 보물이 천하에 가득하옵니다."

누샨은 쿠쉬의 조정에 당도할 때까지 많은 것들을 고하였다.

조정에 도착한 용감한 왕은 옥좌에 앉았다. 옥좌 옆의 황금 의자에 누샨이 앉았다. 누샨은 소매에서 서신을 꺼내 왕에게 바쳤다.

다이힘을 보내 바하크에게 전갈을 전하다

쿠쉬는 서신을 읽고 매우 기뻐하며 웃었다. 그러고 나서 누샨에게 하명하였다.

"짐의 아버지의 보물 창고를 열어라."

그리고 쿠쉬는 대신들에게 서신을 보냈다.

쿠쉬는 전투에 강한 자들로 4만 명을 뽑아 자신에게 충성을 다하는 강인한 다이힘에게 내렸다. 그리고 모든 군대를 바다로 소집했다. 이로써 중국에는 단 한 명의 기병도 남지 않았다.

쿠쉬는 군대의 수장 다이힘에게 말했다.

"바다로 가서 모든 해로를 차단하라. 하늘의 새조차도 그 섬(신라)에 이르지 못하도록 봉쇄하라. 적들이 우리의 계획을 눈치챈다면, 상황이 힘들어질 것이다. 다이힘 장군은 필요한 것을 마친에 요청하라. 바하크 왕이 도와줄 것이다."

쿠쉬는 바하크 왕에게 서신을 쓰도록 명했으며, 그 서신은 친절과 기쁨의 문구로 가득하였다.

　　자애로우시고 온화하신 왕이시여,

　　그대는 항상 짐의 든든한 지원군이며, 또한 위대한 왕(쿠쉬의 아버지)을 흠모하였습니다. 짐이 신라의 해로를 봉쇄하고자 강력한 군대를 보냈으니, 전함이나 전투 장비와 같이 짐의 군대가 필요로 하는 것을 지원하여 주십시오. 의복, 카펫, 말, 식량도 보내 주십시오. 짐이 돌아올 때쯤 적을 소탕했을 것입니다. 허니 신중하게 행동하십시오.

쿠쉬는 사신에게 서신을 전하였고, 군대도 떠났다. 다이힘은 군대를 이끌고 바다를 건넜다.

이어서 쿠쉬는 대신들에게 하명했다.

"짐은 자하크 폐하를 뵈러 조정으로 갈 것이다."

코끼리 이빨 쿠쉬가 자하크에게 가다

쿠쉬는 군대가 떠나자 내정을 돌보았고, 정사를 마무리 짓는 데 석 달이 걸렸다.

쿠쉬는 아버지의 보물 창고를 열어 그 속에 있는 보물들을 보고는 행복해 마지않았다. 그리고 거기서 자하크에게 진상할 최상품들을 꺼냈다.

밤을 빛으로 환하게 밝힐 오백 개의 터키석과 삼백 개의 바다크사니(Badakhshani)* 산 루비, 300kg의 금과 수많은 보석으로 장식된 황금 옥좌를 준비했다. 수천만의 사람들이 있었지만, 마음만은 공허했다. 또한 황금 안장을 얹은 백 마리의 빠른 말, 머리부터 발끝까지 황금으로 만들어진 가장 좋은 옷으로 치장한 수천 명의 시녀와 노비들도 있었다. 이천 필의 중국 비단과 수십만 개의 상아, 천 개의 향선, 다비드(David)가 만든 듯한 천 개의 방패도 있었다.

쿠쉬는 신관(神官), 대신, 왕자와 같이 조정의 고위 관직자들에게 많은 선물을 하사하고, 이와 같이 모든 정무를 처리하였다.

쿠쉬는 병사 칠만 명을 선발하여, 그중에서 검술에 능한 기마병 천 명을 선출하였다. 그들 모두가 용감했다. 이윽고 쿠쉬는 자하크

---

* 현재 아프가니스탄 동북쪽과 타지키스탄 동쪽 사이에 위치한다.

왕의 조정으로 무사히 출발하였다. 쿠쉬는 사흘 만에 예루살렘 성문에 도달하여, 왕에게 안부를 전했다.

자하크 왕은 대신과 왕자에게 쿠쉬를 영접할 것을 명했다. (원문 내용 확인 불가) 군대는 약 칠백여 명이었다. 예루살렘은 백성으로 붐볐고, 군대는 쿠쉬 일행을 환영하러 나왔다. 모든 병사들이 쿠쉬를 보고 머리를 조아렸으며, 그의 추악한 얼굴을 두려워하였다.

쿠쉬는 자하크 왕의 군대와 무기를 보고는 자신의 처지가 매에게 사로잡힌 한 마리 새와 같다고 생각했다. 자하크 왕의 군대에 비하면, 자신의 군대는 지푸라기로 만든 검과 같았다.

쿠쉬는 자하크의 아들을 보자 말에서 즉시 내렸다. 그리고 왕자에게 다가가 포옹하고 입을 맞추었다. 이에 왕자는 놀란 기색을 띠며 쿠쉬의 얼굴을 위아래로 훑어보았다. 왕자는 (중국 왕) 쿠쉬의 자식들의 외모에 대해 깊이 생각하였다.

'세상이 창조한 피조물의 모습에 우리가 고통을 받다니.'

왕자는 큰 이빨과 귀를 가진 추악한 얼굴 때문에 쿠쉬를 달가워하지 않았다. 왕자가 말을 타고 쿠쉬와 행진하자 모든 백성이 쿠쉬의 외모를 보게 되었다.

그들이 예루살렘에 가까이 다가가자 자하크 왕 또한 그들을 영접하기 위해 1마일이나 마중을 나왔다.

쿠쉬는 자하크 왕의 다양한 군대와 무기들, 용맹한 병사들을 보았다. 쿠쉬에게는 자신이 한 포기의 풀과 같이 연약하게 여겨졌으며, 그의 군대는 초원의 풀과 같이 많으나 자하크 군대의 용맹함에 눌려 보이지 않았다.

영예롭고 영광스러운 자하크를 본 쿠쉬는 마치 새와 같이 그에게 달려갔다.

쿠쉬는 아자르 고쉬나스브(Azar Goshnasb)*와 같이 말에서 내려 자하크 왕의 머리부터 발끝까지 입을 맞추었다. 심지어 자하크 왕의 말의 등자와 갈기, 얼굴, 말굽에까지 입을 맞추었다. 모든 군대가 이를 지켜보고 있었다.

위대한 왕 자하크는 쿠쉬를 일으켜 세우며, 말을 타고 빠르게 이동할 것을 명하였다.

자하크 왕은 도시 근처에 숙소를 마련해 주었으며, 쿠쉬의 시중을 들 많은 노비들을 내주었다. 숙소는 마치 봄과 같았으며, 푸른빛에 금으로 장식되어 있었다. 사방에 풀이 우거져 있으며, 카펫은 중국산 비단으로 만든 것이었다. 정원은 재스민과 같은 꽃이 가득했고, 사랑스러운 장미가 자라고 있었다. 또한 꾀꼬리, 향나무로 가득했고, 향나무에서는 새 소리가 들려왔다. 공작새의 깃털이 정

---

* 조로아스터교 핵심 사제. 그의 이름을 딴 사산조 페르시아 시대의 조로아스터 신전은 이란에서 가장 오래된 3대 신성한 신전 중 하나이며, 타카브(Takab) 지방에 있다. 그것에 보존되어 오는 아자르 고쉬나스브의 불은 국가의 통합을 상징하며, 조로아스터교의 가장 중요한 성지로 간주된다.

원을 수놓아 정원을 빛나게 했다.

한편 쿠쉬의 군대는 평야에서 야영을 하며, 술을 마시고 하프를 연주하기 시작했다.

다음 날, 쿠쉬는 모든 선물을 자하크 왕의 조정으로 보냈다. 이에 자하크 왕이 말했다.

"위대한 왕 쿠쉬는 이 모든 선물로 우리들을 부끄럽게 만들었도다. 그대는 중국에 있는 보물 전부를 가져온 듯하구려. 그 누구도 본 적도, 들어본 적도 없는 진귀한 것이오. 여기에 가져온 보물을 보고 놀라지 않은 자가 없도다."

자하크 왕은 쿠쉬가 머무는 영빈관이 가득 찰 정도로 많은 음식을 하사하였다. 그리고 한 달 동안 쿠쉬와 그 일행, 그의 군대를 영접하였다.

자하크 왕은 전장에서 혹은 폴로, 사냥, 술, 기타 다른 것들로 쿠쉬를 시험하였다. 쿠쉬는 자하크 왕의 생각보다 훨씬 뛰어났으며, 쿠쉬보다 더 용맹한 자는 없었다.

쿠쉬의 활은 너무 무거워 사람들이 옮기지 못하였다. 자하크의 사람들은 활시위만을 겨우 움직일 수 있었으며, 이에 부끄러워하였다. 쿠쉬는 사냥을 할 때 화살 하나로 두 마리를 사냥하였다. 또한 단칼에 얼룩말을 반 토막 냈으며, 창을 한 번 휘둘러 사자를 죽였다. (원문 내용 확인 불가) 쿠쉬가 한 번 사냥을 하면 신선한 사냥감들이 지천에 널려, 독수리들이 사체를 낚아채려 하지 않았다.

자하크 왕의 환우와 그의 어깨 위에서 자라는 두 마리의 뱀

자하크 왕이 과식으로 어깨에 통증이 왔다는 소문이 들려왔다. 의원은 왕의 병을 날카롭게 찌르는 게(crab)와 같다고 진단하였으며, 이 병으로 왕이 허약해지고 기가 쇠진할 것이라 고하였다.

자하크 왕은 병들었다. (원문 내용 확인 불가) 자하크 왕은 사냥해 온 고기를 과도하게 먹은 것으로 인해 뱀 두 마리가 그의 어깨에 생겼다.

자하크 왕은 고통으로 한 달을 신음했으며, 얼마 후 어깨에서 핏덩어리가 나왔다. 자하크 왕은 명의들을 불러들였지만, 그 누구도 병을 치료하지 못하였다.

한 무리의 바빌론의 무의(巫醫)들이 왕실로 불려왔다. 그러나 그 누구도 고통을 다스리는 방법을 알지 못했으며, 통증은 왕의 기운을 점점 더 소진시켰다.

자하크 왕은 잠도 이루지 못했다. 식음을 전폐하였으며, 향연에 참석하지도 못하였다. 천하의 명의들도 치료법을 알지 못했다.

뱀왕* 자하크를 인도인 의사가 치료하다

어느 날, 여행객으로 보이는 인도인이 왕실로 왔다. 인도인이 말했다.

"폐하에게 데려다 주십시오. 폐하에게 소신이 왔다고 고해 주십시오."

왕실의 이름 모를 이가 그에게 물었다.

"그대는 누구인가? 무엇 때문에 폐하를 뵙기를 청하는가?"

인도인이 대답하였다.

"소인은 의원으로, 만물의 음양의 비밀을 알고 있사옵니다. 소인은 폐하의 병을 치료할 수 있는지 시험하기 위해 왕실로 왔나이다."

왕실 의원들은 인도인을 모멸하였고, 그를 때려 술에 취한 것처럼 정신을 잃게 만들었다. 이에 인도인은 말했다.

"사악한 자들이여, 그대들은 나를 함부로 대했소. 허나 나는 그대들에게 약을 보여 줄 것이오. 이 약은 천하의 모든 환자들을 위한 것이오."

모든 사람들이 그의 허풍을 비웃었다.

---

* 자하크의 두 어깨에 뱀이 자라고 있어 뱀왕이라는 별칭으로도 불린다. 그 뱀은 인간의 뇌를 먹고 자라며, 뇌로 만든 연고로 뱀의 상처를 치료할 수 있다.

밤에 왕실이 텅 비자, 인도인은 왕의 침소로 갔다. 인도인이 말했다.

"소인은 의원이옵니다. 저를 폐하께 데려다 주십시오."

왕실 시중은 그를 자하크 왕에게 데려갔다. 왕이 그를 자신의 옆에 앉게 하자, 경험이 많은 그는 왕 가까이에 다가가 절을 올리고 문안인사를 여쭈었다. 그리고 나서 아뢰었다.

"소신은 인도에서 폐하를 치료하고자 여기로 왔나이다. 신의 뜻으로, 소신의 치료가 폐하의 통증을 가라앉힐 것이옵니다."

자하크 왕은 인도인의 말에 기뻐하였다. 인도인은 아뢰었다.

"폐하, 사형수 두 명의 목을 매라 명하십시오. 그리고 통증을 다스리기 위한 연고(약)를 준비하도록 그들의 수급을 가져오라 하십시오."

자하크 왕은 인도인이 말한 대로 수급을 가져오라 명했고, 사악한 자들은 뇌를 꺼냈다. 인도인이 (뇌로 조제한) 연고를 상처에 바르자, 자하크 왕은 고통을 잊을 수 있었다. 전날 밤 잠을 이루지 못했던 뱀왕은 편안하게 잠들었다.

다음 날, 인도인이 왕실로 오자 그들은 (보상으로) 금과 은으로 그를 치장하였다. 인도인은 부자가 되었다. 세상에 그와 같이 훌륭한 의사는 없었다.

인도인은 자하크 왕께 아뢰었다.

"이것이 통증을 위한 치료법이니, 계속 시술하시되 멈추지 마시옵소서. 사냥해 온 고기를 드시지 마시옵소서. 그것은 통증에 좋지 않사옵니다."

인도인은 처방을 내리고 자취를 감추었고, 자하크 왕의 병은 완쾌되었다.

자하크 왕은 매일 도시에서 두 명의 남자를 처단하라고 명했다. 도시의 저잣거리에서 아침마다 두 사람이 처단되었고, 도시는 점차 통곡의 바다가 되었다.

백성들은 인도인을 의사가 아니라 악마라고 믿게 되었다. 그가 왕에게 (사람의) 피를 흘려야만 한다고 고했기 때문이다. 그러지 않았다면 왕이 이렇게 잔혹해지지 않았을 터이다. 그것은 평범한 통증이 아니라, 두 마리의 뱀이 사람들에게 철저히 복수하는 것이었다. 이 문제를 둘러싼 많은 이야기들이 있으나, 출처가 분명한 이야기만이 진실일 것이다.

자하크 왕은 쿠쉬와 며칠을 밤낮으로 술을 마시며 좋은 시간을 보냈다.

다이힘이 바하크의 영토를 약탈하다

한편 다이힘은 해로를 통제하고자 군대를 이끌고 갔다. 해안은 바다를 건너려는 사람들로 붐볐으나, 해상에는 오직 군대만이 있었다.

바하크 왕은 서신을 읽고서 말했다.

"자하크와 쿠쉬에게 고통과 슬픔만이 있을지어다. 이렇게 무장한 대규모 군대를 보내다니. 과인에게도 힘과 영예가 있도다."

바하크는 쿠쉬의 군대를 원조하기 위해 만 명의 지원 병력을 보냈다. 쿠쉬의 군사들은 식량과 카펫, 필요한 장비 등 모든 것을 빼앗았다.

두 달이 지나자 바하크 왕은 군수 물품을 준비하는 것이 어려워졌다. 더 이상 소와 양이 없었다. 그들은 도축할 수 있는 것은 다 죽였다. 노인들은 살아생전 본 적이 없는, 젊은이들은 이제껏 들어본 적이 없는 기근이 마친에 닥쳤다. 필요한 군수 물자를 조달할 수 없었을 뿐만 아니라 쿠쉬 군대를 부양할 수조차 없었다. 끝도 없는 파멸이 몰아닥쳤다.

식량 보급이 끊어지자 군대는 바하크의 조정으로 몰려갔다.

"어찌하여 마친에서 물자가 오지 않습니까? 병사들의 식량 보급에 어려움을 겪고 있습니다. 전하께서 우리가 여기에 머물기를 바라신다면, 그 해결책은 무엇이옵니까?”

(쿠쉬 군대의 지휘관) 장수가 군대에 명했다.

“우리는 멈추지 않기로 결정했다. 식량을 구할 수 있는 곳이면 어디서든 약탈할 것을 허락한다.”

군대는 이 명을 듣고 약탈을 시작했다.

바하크 왕은 해결 방도를 찾았다. 신(神)은 결코 해결 방도를 찾는 것을 금하지 않는 법이다.

바하크가 태후르와 아비틴에게 서신을 쓰다

바하크 왕은 마친이 파괴되는 것을 보고, 태후르 왕과 아비틴에게 서신을 썼다.

영예로운 왕들이시여,

그대들은 연회를 베푸느라 바쁘시며, 전쟁은 잊으셨습니다. 이는 쿠쉬가 중국을 떠난 석 달 동안에 일어난 일이옵니다. 쿠쉬는 그의 모든 병사들을 무장시켜 이끌고 자하크에게 떠났사옵니다. 반면 쿠쉬는 훈련도 제대로 안된 군인들을 해안으로 보냈습니다. (그리고 무자비한 약탈을 자행하고 있습니다). 만약 폐하께서 그들을 기습 공격하신다면, 그들의 피가 바다를 물들일 것이옵니다.

저는 우리 군에게 무엇을 해야 할지 알려주었고, 모두에게 이를 비밀로 할 것을 명했습니다. 폐하의 군대가 해안에 당도했을 때, 폐하의 군과 싸우지 말고 회군하라고 하였습니다.

우리 군대가 다시 중국군과 합류했을 때, 중국군에게는 방어할 힘이 남아 있지 않을 것이옵니다.

폐하께서 중국을 즉각 공격하도록 군을 정비하신다면, 중국은 폐하의 것이 될 것이옵니다. 중국에서 군대가 보이지 않은 지 약 2년이 되었습니다. 쿠쉬는 새해에 중국의 점령에 대해 알게 될 것이며, 그가 쳐들어오기까지 1년이 걸릴 것이옵니다.

새해에는 신의 뜻으로, 자하크와 쿠쉬는 사라질 것이옵니다.

바하크 왕은 서신을 다 쓰고는 대신을 쳐다보았다.

"짐은 그대에게 임무를 맡길 것이다. 그대는 또한 비밀을 지켜야 할 것이다."

대신은 배를 한 척 준비하여 출발했다. 바다에는 중국군이 없었으며, 아무도 그들의 비밀을 알아채지 못하였다.

대신은 재빨리 바다를 건너 육지에 다다르자 국경 파수대에 즉시 고하였다.

"당장 그대의 왕을 알현하게 해 주시오. 아니면 바하크 왕의 사자가 여기에 왔다고 즉시 알려 주시오."

잠시 후, 파수대는 파발을 보내 신라 왕에게 바하크의 사절에 대해 전했다. 신라 왕은 군대에서 용맹한 자를 보내 대신을 데려오게 하였다.

대신은 태후르 왕을 알현하자 예법에 따라 왕에게 절을 하였다. 그들은 왕 주변에 의자를 놓았고, 그 현자(대신)를 거기에 앉게 했다.

대신은 바닥에 엎드려 절하고, 왕에게 서신을 올렸다. 그러고는 모든 비밀과 전갈을 아뢰었다.

아비틴이 전쟁 준비를 하다

역관이 서신을 읽자, 태후르 왕은 즉시 아비틴을 불렀다. 태후르 왕은 아비틴에게 서신과 그 내용을 전해 주고는, 복수할 때가 왔다고 말하였다. 또한 태후르 왕은 말했다.

"이 문제에 대해 심사숙고한 후 현명한 결정을 내리시오. 그대가 복수를 할 수 있든 없든, 적들은 분노할 것이오."

아비틴이 태후르 왕에게 고했다.

"영예로운 분이시여, 전쟁을 하고자 하면 군사력과 장비가 필요한 법입니다. 폐하께서 소신에게 전쟁에 필요한 물자를 넉넉히 내어 주신다면, 소신은 두렵지 않을 것이옵니다. 중국인들은 소신에게 한 줌의 모래알에 불과하기 때문입니다. 설령 그 야비한 자(쿠쉬)가 군에 없다고 해도, 그의 기병 중 그 누구도 집에 돌아가지 못할 것이옵니다. 삼만이든, 십만이든 소신이 그들을 모두 도륙할 것입니다."

태후르 왕이 아비틴에게 말했다.

"재물과 군대는 그대의 것이며, 그대의 연고(약)가 될 것이다."

태후르 왕은 대신에게 아비틴에게 필요한 재물과 군대를 내어 주라고 명했다.

용맹한 아비틴은 팔십 척의 배를 요청했다. 또한 산상 전투에 능한 자들로 병사 이만 명을 선발해 무장시키고 배에 오르게 했다. 아비틴은 가족과 자식, 재산을 남겨 둔 채 떠났다.

태후르 왕은 마친의 대신에게 디나르와 아랍 혈통의 말에 이르기까지 수많은 선물을 하사하였다. 대신은 군대가 도착함을 전하기 위해, 번개처럼 바하크 왕에게 갔다.

아비틴이 밤에 바다를 건너다(그리고 중국을 격파하다)

아비틴과 그의 군대는 바다를 헤치며 항해했다. 밤이 되자 바다는 흑단처럼 캄캄했고, 사방에서 거친 파도 소리가 들렸다. 먹구름과 같은 바다를 헤치며 마침내 육지에 다다르자, 아비틴은 장검으로 무장하며 전투태세를 갖추었다.

중국군의 비명이 하늘을 찔렀다. 쿠쉬의 장수가 잠에서 깨어났다. 다이힘 장군은 졸음과 과음으로 머리가 무거운 채 갑옷을 입었다.

그러나 파수병 중 그 누구도 자리를 지키지 않아 쿠쉬의 군대는 목동이 없는 가축 떼와 같았다. 병사들이 잠에서 깨어 우왕좌왕하며 성문으로 달아났다. 투구나 갑옷도 걸치지 않은 채 말에 올랐으며, 용맹한 병사들조차도 달아나기 바빴다.

창검의 칼날이 어두운 밤을 밝힐 정도로 맹렬히 움직였다. 사방에서 칼날이 내려치는 공포의 밤이었다. 용맹한 병사들의 간과 머리가 도륙되었다. 아비틴의 병사들이 칼로 머리를 내려치고, 창으로 간을 관통했기 때문이다. 창검을 휘두르자 피가 바다로 흘러들어 갔다. 아비틴의 군대는 일체의 망설임이나 지체도 없이 복수를 위해 칼날을 뽑았다. 아비틴의 군대는 그들의 피로 땅에 꽃을 피우듯 맹렬히 싸웠다.

해가 뜨고 날이 밝자, 아비틴은 중국 장수를 보았다. 전투에 능한 약 이천 명의 병사들에게 둘러싸인 채 중국 장수는 아비틴의 많은 병사들을 쓰러뜨리고 있었다. 그는 아비틴의 군대를 향해 자신의 이름과 신분을 밝히고, 마침내 아비틴을 향해 돌진했다. 중국 장수가 돌연 안장에서 무거운 철퇴를 뽑아 들자 그가 돌진하는 길의 모든 병사들은 도망쳤다. 중국 장수는 또한 독이 묻은 창을 손에 들고 있었다. 그는 분노에 휩싸여 복수를 위해 성난 코끼리와 같이 달려들었다.

중국 장수는 아비틴과 대적하고자 점점 더 거리를 좁혀 왔다. 중국 장수가 욕설을 내뱉으며 아비틴에게 창을 던졌으나 창은 방패를 스쳐 지나갔을 뿐, 아비틴에게 상처 하나 입히지 못했다.

아비틴이 그 장수의 머리를 내려치자, 그의 머리와 투구가 땅에 떨어졌다. 중국 병사들은 수장의 죽음을 목도하였다. 그의 몸이 땅에 떨어지자, 그토록 용맹한 병사들이 모두 도주하기 시작했다. 그들은 마치 늑대에게 쫓기는 양 떼와 같았다.

용맹한 아비틴은 중국군을 뒤쫓았다. 그와 그의 군대는 아자르고쉬나스브만큼이나 빠르게 쫓아갔다. 아비틴과 그의 군대의 말은 바람과 같았으며, 중국군의 말은 당나귀와 같았다. 아비틴과 그의 군대는 도주병 대부분을 도륙하였고, 그들의 피가 강을 이루었다.

말에서 내려 은신처를 찾지 못한다면, 도주하여 칼날로부터 안전한 곳으로 숨지 못한다면, 그 어느 누구도 창검으로부터 안전하지 못하였다.

밤이 되자 아비틴은 돌아와서 적군의 진영으로 향했다. 아비틴은 중국 장수의 자리에 앉아 기쁨에 겨워 감사 표시로 가슴에 손을 얹었다. 아비틴이 말했다.

"나는 천운으로 사바르(Savar, 아비틴의 아들)의 복수를 했도다."

아비틴은 축하하기 위해 태후르 왕의 고관들을 불렀다. 그는 승리를 기념하고 병사들의 고단함을 달래고자 잔치를 베풀 것을 명했다.

다음 날 아침, 아비틴은 적진의 전리품을 전부 모아 가져올 것을 명했다. 먼저 태후르 왕에게 바칠 가치가 있는 전리품 중에서 운반하기 쉬운 것들을 선별했다. 나머지 것들은 병사들에게 나누어 주었다. 그리하여 그의 군대는 기쁨으로 가득 찼다.

아비틴은 팔십 척의 배를 전리품으로 가득 채웠다. 사십 척은 디나르와 술로 가득했으며, 사십 척은 비단과 채색 비단으로 가득했다. 아비틴은 이 모든 전리품들을 태후르 왕에게 보내며, 전하게 했다.

"이 모든 전리품들은 전하께 보잘것없을 것이오나 전하께 바치옵니다."

태후르 왕에게 보내는 아비틴의 서신

아비틴은 서기관에게 서신을 쓸 것을 명했다.

　전하는 위대하신 분입니다.

　전하, 행복해하소서! 전하께서 이 서신을 받으실 즈음, 세상이 우리의 운명을 바꾸어 놓았을 것입니다.

　평야에서 해안에 이르기까지 적군의 시체로 가득하옵니다. 쿠쉬의 장수는 모든 용맹한 자들이 두려워할 만큼 맹렬히 소신을 공격하였사옵니다. 그 장수는 날카로운 창을 소신을 향해 던졌고, 그것은 오직 신(神)만이 구원해 줄 수 있는 공격이었습니다. 소신은 한 방의 철퇴로 장군의 머리를 떨어뜨렸고, 그는 즉사했습니다.

　다이힘 장군이 불운을 맞이하자 쿠쉬의 병사들은 떨어진 나뭇잎과 같았습니다. 쿠쉬의 병사들은 말에서 떨어졌으며, 채 백 명이 안 되는 병사들만이 도망을 쳤나이다. 쿠쉬의 병사들은 대부분 도륙당하였으며, 생존자 중 일부는 부상당하였고, 나머지는 생포하였습니다.

　우리 병사들은 분에 넘치는 무기와 재물을 얻었으며, 이에 모두 부유해졌습니다. 병사들은 수많은 전리품을 취하였으며, 이에 소신은 엄청난 부를 얻었사옵니다. 그중 진귀한 것을 전하께 보내나이다.

　이제 소신은 중국을 정찰하기 위해 바다를 건너 중국으로 갈 것이옵니다.

　소신에게 대적하는 자들을 처단하기 위해 용맹한 병사들은 전쟁을 준비할 것이옵니다.

아비틴의 중국 원정과 콤단 도시의 정복

　아비틴은 군대를 모아 중국으로 진군하며 군사작전을 펼쳤다. 아비틴은 선봉대에게 한 발 앞서 갈 것을 명했으며, 복종하지 않는 자는 모두 죽였다. 가는 길마다 쿠쉬의 왕국을 파괴하고 약탈했다. 국경 수비대는 왕국을 지키지 못했으며, 중국인들은 나라에 왕이 없었으므로, 아비틴을 두려워하였다.

　왕국의 각 지역 백성들은 매년 조공을 바치고 보물을 진상하였다. 말이 보물을 실어 나를 수 없을 정도로 병사들은 부유해졌다. 자하크 왕에게 등을 진 백성들은 오랫동안 숨어 살았다.

　아비틴이 콤단까지 진군하는 동안, 그의 입성 소식을 들은 백성들이 이란에서 온 사람들과 함께 계속해서 이란군에 합류하였다.

그 인원만 오천 가까이 되었고, 아비틴은 어떤 저항에도 부딪히지 않았다.

콤단에서 (나라를 잃은 사람들의) 통곡 소리가 울렸고, 쿠쉬의 대신인 누샨이 그 광경을 보았다.

누샨은 콤단 도시의 모든 장수와 고관들을 불러 이에 관해 논했다. 그리고 그들에게 말하였다.

"아비틴 군대의 진군을 두려워하지 마시오. 그 야만인들은 오래가지 못할 것이오. 쿠쉬 왕이 당도했다는 소식이 들리면 슬픔은 기쁨으로 바뀔 것이오. 쿠쉬 왕은 석 달 전, 자하크 폐하의 조정을 떠나셨소. 적군은 쿠쉬 왕이 오신다는 소식을 듣자마자 여기를 떠날 것이오. 그리고 쿠쉬 왕이 당도하면 적들은 도망갈 것이오. 그렇지 않으면 아비틴의 군대는 전부 도륙당할 것이오. 몇 달만 성문을 지키며 버티시오. 우리는 식량 공급에 아무런 문제가 없소. 전쟁은 우리의 승리로 끝날 것이오. 승리는 우리에게 멀지 않소. 아비틴은 성 밖에 있으며, 그자는 중국 왕만 못하기 때문이오. 아비틴은 중국 평원에서 몇 번이나 도망친 자이며, 그의 군대는 심지어 군 장비조차 버리고 도망쳤소."

누샨은 장군과 고관들을 격려하고, 성문에 군대를 배치했다. 각 성문마다 삼천의 싸울 수 있는 기병을 배치하였으며, 도시 성곽에는 빨강, 검정, 보라색 기(旗)를 세웠다.

마침내 아비틴이 도시에 다다랐다. 아비틴의 군대는 군영을 칠 자리를 잡고 비단 군막을 쳤으며, 그 중앙에 아비틴이 자리 잡았다. 아비틴의 선봉대가 성문 가까이 다가가자, 보초병이 소리를 지르며 군대에 알렸다. 나팔 소리가 울려 펴지자 성문 밖으로 중국군이 파도처럼 몰려 나왔다. 그들은 하늘을 가릴 만큼 많았다.

중국 군대를 본 아비틴은 작전을 세우기 위해 장군들을 불렀다. 아비틴이 말하였다.

"이렇게 대규모의 군대가 쏟아져 나오다니, 이곳은 일개 도시가 아니라 한 나라인 듯하오."

아비틴은 군대에게 전투태세를 갖출 것을 명하였고, 모든 병사들은 창과 검을 들었다.

갑자기 비명, 창 부딪치는 소리, 화살 쏟아지는 소리가 들렸다. 그 소리가 너무나 커서, 심지어 토성(土星)마저도 두려워하는 듯했다. 먼지가 사방을 뒤덮어 땅과 하늘을 구분할 수 없었다. 땅에는 피가 강을 이루었고, 잘려진 머리들로 폴로 경기를 할 수 있을 정도였다.

양 진영이 천지의 어둠 속으로 사라지자 아비틴의 군대는 콤단 군대에 맞서 싸우는 데 어려움을 겪었다. 군대 전열은 흐트러졌으며, 폭풍으로 더욱 혼란스러워졌다.

아비틴은 그의 군대가 압박감을 느끼자 즉시 말 위에서 검을 뽑아들었다. 아비틴이 맹렬히 공격하며 콤단(중국)의 병사들에게 철저히 복수하였다. 아비틴이 휘두르는 칼에 그들은 마치 손발이 묶인 듯하였다. 아비틴은 계속해서 적의 목을 베었으며, 이로 인해 적들은 성문으로 퇴각해야만 했다. 이 공격으로 이천 명 이상의 중국군이 전사했으며, 말을 타고 도주하거나 걸어서 도망간 이들도 있었다.

중국군은 황급히 도시로 들어갔으며, 많은 이들이 전쟁으로 슬픔만을 얻었다. 아무도 도시를 빠져나갈 수 없었다. 중국군은 성벽 위에서 적군의 상황을 살폈다. 콤단은 아비틴에게 포위되었으며, 아비틴이 모든 길을 통제하였다.

아비틴의 군대는 쉴 새 없이 성 안의 백성들과 싸웠으며, 백성들은 벽에서 돌을 던졌다.

쿠쉬에게 보내는 누샨의 서신

누샨은 상황이 악화되었음을 알아차리고, 비밀리에 파발을 띄웠다. 누샨은 이 모든 상황에 대해 설명했다.

중국 왕이시여, 신의 뜻으로 만수무강하옵소서.

신의 뜻으로 적들은 생포되고, 그들의 가슴은 고통과 괴로움으로 가득할 것이옵니다. 적들은 중국 왕께서 나라를 비우신 것을 알아차리고, 복수를 위해 쳐들어왔습니다. 바하크가 적들에게 중국 평원에서 '사자(쿠쉬)'가 사라졌다고 고했나이다.

아비틴은 불시에 바다에서 우리를 공격하였고, 복수에 찬 칼날이 사방에서 몰아쳤습니다. 가엾은 다이힘 장군은 최선을 다하였으나, 정해진 운명 앞에 노력은 아무 소용이 없었나이다.

바하크의 군대는 전쟁을 피하였고, 잠시도 우리를 도와주지 않았습니다. 바하크가 아비틴의 군대가 당도하면 전장에서 떠날 것을 그의 군대에게 비밀리에 지시했기 때문입니다. 바하크는 아비틴의 군대가 당도하면, 설령 밤일지라도 검을 거두고 퇴각하라고 명하였습니다.

비열한 놈들이 우리를 떠나자, 용맹한 장군 다이힘은 도륙당했습니다.

우리 군에 살아남은 병사는 없사옵니다. 허나 아비틴의 진영에는 부상당한 병사조차 한 명도 없사옵니다.

지금 콤단 도시는 수많은 적들에 포위되어 있으며, 아비틴은 성문 앞에 진영을 쳤습니다.

우리들은 성문을 열고 나가서 싸웠습니다. 독이 묻은 칼날들이 우리 군대에 날아들었습니다. 아비틴은 우리들을 맹렬히 공격하였으며, 복수를 위해 우리 군을 전멸시켰습니다.

지금 도시는 포위당하였으며, 우리는 통상 하루에 두 번 전투를 벌이고 있습니다.

도시 전체가 슬픔의 도가니입니다. 도시는 행복 대신 슬픔으로 가득 찼습니다.

폐하께서 어떠한 용단도 내려 주지 않으신다면, 도시는 아비틴의 철저한 복수에 당할 것이옵니다.

파발꾼은 하늘을 나는 새와 같이 즉시 떠났다.

콤단 시의 기근으로 백성들이 극단의 상황으로 내몰리다

콤단은 여전히 아비틴의 포위 아래 있었으며, 휴전과 전투가 반복되고 있었다. 석 달 후, 도시는 어려움에 처했다.

곳곳에서 용서를 구해야 한다는 우려의 목소리가 누샨에게 들려 왔다. 모든 남자와 여자, 아이들이 신음하고 있었으며, 그들은 누샨이 있는 조정으로 달려왔다. 백성들은 말했다.

"우리는 천운이 따르지 않아 어려움에 처해 있습니다. 왕의 대신이시여, 그대는 해결 방도를 찾아야만 합니다. 이렇게 한 달이 지나면 더 이상 싸울 수 있는 남자는 남아 있지 않을 것입니다. 기근으로 백성들이 허약해졌기에, 성 안에는 더 이상 건장한 남자가 없습니다. 더 이상 달콤하거나 시큼한 음식도, 병사들이나 장사꾼도 없습니다. 아비틴이 적이라지만, 우리의 적은 아닙니다. 잠쉬드가와 자하크 가의 원한 때문에 우리는 파멸해 가고 있습니다. 백성들은 전쟁에서 칼날에 도륙당하고, 기근으로 죽어 가고 있습니다. 백성들은 식량을 구하지 못하여 쇠약할 대로 쇠약하오며, 그들을 구할 자는 아무도 없사옵니다."

누샨은 백성들을 세심하게 달래려 노력하였다.

"선량한 백성들이여, 고통과 고난에 두려워하지 마시오. 쿠쉬 왕과 그의 군대가 절반쯤 다다랐소이다. 다이힘의 소식을 전해 들었을 때 대책을 강구하였소. 폐하께 소식을 전하기 위해 낙타를 탄 파발꾼을 보냈소이다. 물론 위대한 왕 자하크께서 들으신다면, 왕관을 던지며 화를 낼 것이요. 폐하께서는 적군이 강성해지도록 내버려 두지 않으실 것이며, 그의 왕국에 흠집이 생기도록 내버려 두지 않으실 것이오. 그리하여 폐하께서는 즉시 군대를 출정시킬 것이며, 군대가 나타나면 적군은 도망칠 것이오. 폐하의 군대는 잠시도 쉬지 않고 달려올 것이오. 불은 위험하나, 그 위에 모래를 덮는다면 꺼질 것이오. 달이 밝다는 것은 진리이나, 어찌 해보다 더 밝다고 할 수 있겠소? 늘 더 강한 자가 나타나 군을 장악하는 법이라오. 정녕 나의 말을 믿지 못하겠다면, 더 좋은 생각이나 방책을 제안해 보시오. 그렇지 않으면 아비틴에게 사절을 보내어 그의 마음을 달랠 것이오. 그리하면 아비틴은 복수에 대해 잊어버릴 것이오. 아비틴에게 일 년간의 조세를 내기로 약조한다면, 이 도시를 떠날 것이오."

누샨의 말에 모든 백성들이 안심하여 박수를 치고 돌아갔다.

아비틴에게 보낸 전갈과 그의 답신

다음 날, 누샨은 언변에 능한 자를 한 명 골랐다.

"성 밖으로 나가 백성들을 대신하여 아비틴에게 전하라."

누샨은 이렇게 말했다.

"모든 백성과 병사들은 아비틴이 왕이시며, 용맹한 분이심을 알고 있나이다. 이 도시는 결코 지속적으로 포위를 한다고 해서 함락되지 않을 터이니, 포위를 계속하는 것은 왕의 체통에 어긋나는 일이옵니다. 10년 동안 포위를 계속한다고 해도 쿠쉬 왕의 창고는 가득하기 때문에 아무런 문제도 일어나지 않을 것입니다. 쿠쉬 왕의 창고는 천 개도 넘으며, 모든 창고는 신선한 음식으로 가득 차 있습니다. 왕께서 10년 동안 전쟁을 계속하시거나 혹은 10년 동안 포위를 계속하신다 하여도, 이는 백성들의 식량 보급이나 행복에 아무런 영향을 끼치지 못할 것이옵니다. 이 도시는 장기간의 포위에도 아무런 피해를 입지 않을 것이옵니다. 중국에는 튼튼한 성곽을 지니지 못한 도시들이 많사옵니다. 왕께서는 그러한 도시들을 지체할 필요도 없이 정복할 수 있을 것이옵니다. 하오나 왕께서 빈손으로 돌아가시는 것이 부끄러우시다면, 저희들은 일 년간의 조세를 바칠 준비가 되어 있나이다. 자하크 폐하의 조세를 탈취하는 것이 수치스러우시다면, 중국 왕의 조세를 바칠 수 있사옵니다. 전쟁과 평화 중 어느 편이 더 좋을지 심사숙고하오소서. 하오나 중국 왕께서 군대를 이끌고 오시는 중이며, 당도하기까지 얼마 남지 않았나이다. 중국 왕께서 도착하시기 전에 떠나는 편이 좋을 것입니다. 이것이 왕께 올리는 소신의 충언이며, 부디 가납하여 주시길 바라옵니다."

아비틴은 이를 듣고서 말하였다.

"이 말 한 마디에 도시를 떠나지 않을 것이다. 그대는 짐에게 아내와 자식, 보물을 바쳐라. 그 외에는 아무것도 원치 않는다. 짐은 중국 왕실에 철저히 복수하려는 것이지, 성 안의 병사나 백성들과는 상관이 없도다."

사신이 도시로 돌아가 아비틴의 이야기를 전하자 분란이 일어났다.

백성들은 아비틴의 답변을 듣고 두려워하였으며, 백성들 사이에 소란이 발생했다.

"앞으로 어찌해야 하오? 중국 왕에게 무어라 말해야 되오?"

백성들은 소리를 높였다.

백성들은 한 달 동안 서로에게 돌을 던지고, 창과 화살을 겨누며 싸웠다. 너무나 많은 중국인들과 콤단 백성들이 죽었으며, 이로인해 성곽은 피로 물들었다.

마친 왕* 태후르가 아비틴에게 보내는 서신

월초에 아비틴은 마친 왕에게 서신을 받았다.

> 어찌하여 이토록 오랫동안 포위를 지속하고 계시오? 콤
> 단은 싸워서 함락할 수 없는 곳이라는 것을 알면서 어찌하

---

* 일반적으로 아랍-페르시아어 사료에서 중국 주변 국가를 마친(Machin)으로 표현했기 때문에 신라(바실라) 왕 태후르는 때로 마친 왕으로도 불렸다.

여 그토록 오랫동안 대치 상황을 지속하고 계십니까? 콤단을 포기하고, 다른 도시들을 정복하러 가십시오.

중국은 군 장비와 군자금을 갖춘 대규모 군대를 보유하고 있어요. 어찌하여 그대를 곤경에 빠뜨리십니까?

중국의 다른 도시와 성에는 쿠쉬의 보물이 가득합니다. 이들 도시와 성이 그대에게 더 유용할 것이며, 쉽게 정복할 수 있을 것이오.

명심하십시오. 적들이 약해졌을 때 쿠쉬의 보물을 얻으세요. 이는 요구르트를 마실 때 파리가 꼬이는 것과 같은 이치입니다. 재물은 약한 자를 강하게 만들며, 재물이 없는 자는 바로 힘을 잃을 것입니다

(원서 내용 확인 불가)

왕(아비틴)은 서신을 읽고, 조세와 조공을 받지 않은 것을 후회하였다.

아비틴의 중국 도시 점령기

얼마 후 도시들은 위기에 처했다. 왕의 처소부터 모든 거리와

골목에 이르기까지 도시에는 아비틴의 군사와 군대로 가득하였다. 도성의 울음소리는 높아져 갔다. 그들은 사신을 보내 아비틴 왕에게 고할 것을 명했다.

"위대한 왕이시여! 아시다시피 저희들은 백성에 불과하며, 저희들 중 대다수는 장사꾼입니다. 왕의 복수는 저희와 무관합니다. 쿠쉬군의 수는 저희들보다 더 많습니다. 저희들은 왕에게 2년 치의 조세와 조공, 그 밖의 많은 것들을 바칠 터이니 더 이상 저희들을 압박하지 마옵소서. 저희들은 아비틴 왕과 연을 맺고 싶지 않습니다. 쿠쉬 왕의 군대가 두렵기 때문이옵니다. 하오나 개개인이 자신의 재산의 주인이라는 격언이 있사옵니다."

아비틴은 그들의 전갈을 전해 듣고 존중하여 받아들였다.

그리하여 아비틴은 재물을 받은 즉시 쿠쉬의 신하가 재무를 담당하고 있는 카이사리예(Qaysariyeh)*와 아프리카(Afriqieh)로 떠났다. 이에 쿠쉬의 군대는 저항하였다.

아비틴은 칼을 휘둘러 두 도시를 정복하고, 재물을 약탈하였다. 아비틴은 2년 반을 그 지역에서 체류하며 모든 이들로부터 조공을 받았다. 그의 군대는 금과 은으로 부유해졌고, 아비틴은 권력자

✱ 현재의 이스파한 일대를 지칭한 듯하다. '세상의 절반'이란 칭호를 가질 정도로 세상의 재물이 모여들었던 곳으로, 지금도 카이사리예 바자르는 이란에서 가장 오래되고 번성하는 시장으로 남아 있다.

가 되었다.

아비틴은 말에 모든 재물을 실어 해안가로 보냈다. 백이십 척이 넘는 배에 값비싼 의복과 보물들을 실었다. 아비틴은 그 모든 것을 바실라 섬으로 보냈으며, 바실라인들은 이를 보고 놀랐다.

"정녕 그대가 바다에 이 모든 금을 쏟아 붓는다면, 바다에서 산을 이뤄 솟아오를 것이오. 만약 그대가 이 모든 비단을 펼친다면, 그 문양과 빛깔에 하늘도 놀랄 것이오. 또한 그대가 이 모든 양단을 잇는다면, 저 하늘의 암소자리와 물고기자리까지 닿을 것이오."

태후르 왕은 이 엄청난 보물에 기뻐하였으며, 용맹한 아비틴을 극찬하였다.

쿠쉬가 아비틴의 승리를 전해 듣다

누샨의 사신은 즉각 출발하였으며, 바이트-에-모가다스(Beit-e-Moghadas)*에 이르러 자하크가 서쪽으로 갔으며, 쿠쉬 왕과 그의 군대가 자하크를 따르고 있다는 사실을 확인하였다.

누샨의 사절단은 서쪽으로 향했다. 긴 여행으로 인해 육체적, 정

* 예루살렘

신적으로 탈진한 상태로 쿠쉬에게 도착했다.

소식을 들은 쿠쉬는 분노하였으며, 밤새도록 잠을 이루지 못하였다. 아침이 되자 쿠쉬는 서신을 들고 사절단을 대동하여 자하크 앞으로 나갔다. 그리고 사절단에게 그간의 사정을 고하라 명하였다.

자하크 왕은 격노하여 쿠쉬에게 바람과 같이 이동할 것을 명하고, 전투에 능하고 전투태세를 갖춘 오십만 명의 병사와 기병을 내주었다. 그리고는 쿠쉬에게 '동양의 왕'이라는 칭호를 하사하였다. 또한 자하크 왕은 쿠쉬에게 재물과 디나르, 왕관, 값비싼 옥좌와 팔찌, 신하, 말, 무기, 전쟁 물품을 하사하였다.

자하크 왕이 쿠쉬에게 명령하였다.

"그대의 적은 2년이나 중국을 지배했기에 강성해졌도다. 그들을 기습 공격한 후 철저히 무찔러라."

쿠쉬는 바닥에 엎드려 절하고, 즉시 군대를 이끌고 출정하였다.

쿠쉬가 중국으로 돌아가다 (그리고 아비틴과 싸우다)

쿠쉬는 절반쯤 진군하여 무장한 병사들을 선발했다. 선발된 병사들은 백 명 이상이었으며, 모두 전투에 능하였다. 쿠쉬는 그들에게 중국으로 먼저 가서 기습 공격할 것을 명했다.

이윽고 쿠쉬의 병사들이 콤단에 도착했지만, 적군은 보이지 않았다. 도성에서 하루를 보낸 뒤 밤이 되자 그들은 다른 결정을 내렸다. 그들은 아비틴이 중국해로 이동했다고 알렸다.

(쿠쉬가 돌아온다는 소식에) 아비틴은 퇴각을 결정했으며, 그의 군대는 배에 올랐다.

아비틴은 군대를 이끌고 퇴각하는 것 외에는 다른 방도가 없었다. 아비틴은 서둘러 군대를 소집하여 그곳을 떠났다.

(그러나) 아비틴의 선봉대는 적군이 일으키는 먼지를 보고, 왕에게 알렸다. 아비틴의 군대는 전쟁을 알리는 북을 쳤으며, 모든 병사들은 창검을 들고 말에 올랐다.

용맹한 두 진영 간에 거대한 전투가 벌어졌다. 그들이 일으키는 먼지로 태양이 보이지 않았다. 육중한 창검에 평야는 피로 넘쳐났다. 중국군과 아비틴 군대는 퇴각과 돌격을 반복하였다.

아비틴의 승리, 전리품을 바다로 가져가다

전쟁이 장기화되자 아비틴은 중국인들이 거세게 저항한다는 것을 알게 되었다. 아비틴은 용맹한 병사들을 등에 업고, 한 손에 칼을 들고 싸웠다. 더 빨리 말을 몰아 도주한 자들을 제외한 나머지를 모조리 죽였다. 아비틴이 적군을 맹렬히 몰아세우자 기병들은 안장과 고삐조차 구별하지 못하였다.

아비틴은 이 공격으로 너무나 많은 적들을 죽였고, 적들의 피는 강이 되어 흘렀다. 밤이 되자 그들은 싸움을 멈추었고, 중국 장수는 패배를 맛보았다. 아비틴은 승리에 행복해하며, 장수들에게 술을 내주라 명하였다.

아비틴은 전장에서는 젊은이와 같이 혈기왕성하게 싸웠고, 승리의 향연에서는 인자하기 그지없었다. 아비틴이 말했다.

"전쟁의 승패는 당연하다. 우리는 승자이며, 또한 행복하다. 설령 우리들이 이와 같은 병사 백 명과 대적한다 하여도, 쿠쉬가 지휘하지 않는 한 쉬이 무찌를 것이다. 허나 과인은 태생이 악한 자가 곧 돌아올 것이라 생각한다. 쿠쉬는 대규모의 군대를 거느리고 우리를 공격할 것이다. 그자는 우리와 대적할 전술과 병법을 알아내기 위해 이란에서 용맹한 자들을 데려올 것이다. 호랑이(아비틴)가 병법을 알고 있다고는 하나 그것은 승리의 이유가 되지 않는다. 그것은 금이 간 돌처럼 보이지만, 부서지기 쉬운 점토로다. 우리는 승리했으며 행복하도다. 그러하니 전리품을 가지고 뱃길로 가는 것이 좋을 것이다. 우리는 이백 척이 넘는 재물을 얻었으며, 여기서 더 이상 지체하는 것은 현명하지 못하다."

모든 장수들이 아비틴의 말에 동의하였으며, 그를 지도자로서 존경하였다.

아비틴의 군대는 전리품을 배에 싣고 바다로 나아갔다. 약 이백 척의 전함이 바다를 항해했으며, 뱃길 이외는 다른 방도가 없는 듯했다.

아침이 되자 쿠쉬군의 선봉대는 평야에서 쥐새끼 한 마리도 발견할 수 없었다. 선봉대는 파발을 띄워 더 이상 싸울 필요가 없다고 전했다. 군대는 즉각 전속력으로 해안가로 달려갔다. 그리고 하늘에 대고 울부짖었다. 아비틴의 군대는 군 장비 일부를 미처 챙기지 못했으며, 중국군이 이것을 사용하였다.

열흘 후 쿠쉬와 그의 군대는 선봉대와 합류하였다.

선봉대는 아비틴의 도주 소식을 전하게 되어 유감스러워했다. 쿠쉬는 아비틴의 도주 소식을 듣고, 자신의 손등을 내리쳤다.

쿠쉬의 군대는 (그들은 말에서 내려) 하루 동안 그곳에 머물렀다.

쿠쉬와 누샨의 대화

다음 날, 대신이 많은 음식을 가져와 쿠쉬 앞에 내려놓으며, 바닥에 엎드려 절을 하였다. 그리고 긴 여정과 여독에 대해 여쭙고, 문안인사를 드렸다.

쿠쉬가 대신에게 하문하였다.

"어찌하여 그대는 아비틴과의 전쟁에 대해 고하지 않는가?'"

누샨은 그간의 모든 사정을 고하기 시작하였다. 또한 바하크가 자신과 다이힘 장군에게 한 짓을 고하였다.

"바하크는 폐하의 적들과 화친을 맺었습니다. 그리하여 우리의 기병은 전멸하였으나 바하크의 군대 중 부상병이나 전사자는 한 명도 없었습니다. 그렇게 우리에게서 회군했나이다. 바하크는 아비틴을 콤단으로 안내하여 카이사리예에 가도록 명령했습니다. 그리고 아비틴은 바하크의 조언에 따라 콤단을 공격하였습니다. 이에 콤단 일대가 폐허가 되자 아비틴은 그곳을 떠났습니다. 아비틴의 만행에 소신은 그자를 쫓아내기 위해 뭐든지 해야 했습니다. (만약 소신이 그렇게 하지 않았다면) 아비틴은 콤단의 모든 것을 파괴했을 것이옵니다. 콤단을 정복하지 않으면, 떠나지도 않았을 것이옵니다. 아비틴이 떠날 당시, 바하크와 아비틴은 사실상 동맹을 맺고 있었나이다."

쿠쉬가 누샨에게 말하였다.

"바하크의 배신을 비밀로 하라. 그리고 이야기는 그것으로 충분하니, 더 이상 고할 것 없다."

쿠쉬가 바하크에게 서신을 쓰다 그리고 바하크의 답신

잠시 후, 쿠쉬는 서신을 쓸 것을 명하였다.

많은 보물과 무기를 주셨으며, 적들을 물리쳐 주신 유일신의 이름으로.

짐은 건방진 이란인들로 인하여 그대가 곤경에 처하고 해를 입었다는 소식을 들었소. 짐이 보상해 줄 것이며, 그대의 문제를 해결해 줄 것이오.

중요한 문제는 그대의 의지이니. 사실 신께서는 우리가 상처 입지 않도록 보호해 주시오.

짐이 해안에 도달했을 때 전투를 기대하였소. 허나 적들은 짐이 도착하기도 전에 사냥꾼에게 쫓기는 늑대처럼 도망쳐 버렸소. 이 서신을 받으면 군대를 정렬하여 출정하시오.

짐은 전 국토를 뒤져 아비틴을 찾고 싶으나, 그대가 당도할 때까지 출정하지 않을 것이오. 그대가 해안에 도착하면, 그대의 왕국이 번창하도록 중국(일부)을 하사할 것이오.

지금 우리는 동맹을 맺었고, 또한 이 맹약을 지켜본 이도 있소이다. 만약 짐이 적을 공격할 때 그대가 돕지 않는다면, 짐이 그대의 왕국으로 쳐들어가 그대의 목숨과 육신, 재산을 빼앗을 것이오.

허나 그대가 약조를 지킨다면, 짐은 적들에 대해 한시름
놓을 것이오.

바하크는 서신을 읽은 후, 묵묵히 어떻게 대처해야 할지 생각했
다. 바하크는 사신에게 말과 선물을 하사하고, 그에게 술과 음식을
가져다 줄 것을 명했다. 그리고 즉시 답신을 준비하라 명했다.

신의 뜻으로, 중국 전하 만수무강하옵소서.

소신은 전하가 돌아오셔서 천하의 행운이 저에게 주어진
듯이 기쁘기 그지없사옵니다.

신의 도움으로 중국 국경에서 두려움이 사라졌나이다. 적
들은 전하의 칼이 두려워 도망쳤습니다.

바하크는 젊은 다이힘 장군이 일으킨 약탈 소동에 대해서도 적
었으며, 왕의 안위에 더 이상의 문제가 없을 것이라 주장하였다.

전하의 건강이 가장 중요하오니, 신께서 모든 고통과 괴
로움을 거두어 가실 겁니다.

이제 우리의 모든 역경과 고난은 사라졌으며, 아비틴 적

당들은 바람과 같이 떠났습니다. 모든 문제는 편협하고 전투에 미숙한 다이힘 장군 때문이었습니다. 그는 보물을 약탈하기 위해 군대를 해안에 풀어놓았습니다. 다이힘 장군이 뛰어난 지략이나 전술을 세우지 못했기에 병사들을 적의 함정에 빠뜨렸사옵니다. 그는 당황하여 모든 병사들을 전멸시켰으며, 모든 재화를 탕진하였습니다.

현명한 자라도 적을 알지 못하면 실로 죽음이 가까운 법입니다. 적에 대해 항상 생각하는 자가 현명한 자이며, 명석한 자입니다.

중국 왕께서 소신을 다시 불러 주시니, 이는 소신의 기쁨이옵니다. 물론 소신은 전하의 앞에서 땅에 입을 맞추겠나이다.

하오나 소신의 병사들은 뿔뿔이 흩어져서 그들을 소집해야 하옵니다. 그 뒤 출발하겠나이다.

소신은 전하께서 명하는 대로 할 것이오며, 소신의 목숨을 내놓으라 하신다면 바치겠나이다.

영리한 사신은 하루 빨리 서신을 전하고자 신속하게 마친을 떠나 쿠쉬에게 갔다.

사신은 쿠쉬에게 바하크가 고한 내용(그가 본 상황)을 설명하였고, 바하크가 쿠쉬 왕의 서신에 기뻐하였다고 전했다. 그리고 바하크가 군대를 모아 행차 준비를 마치는 대로 조정으로 올 것이라고 하였다.

의심, 바하크의 탈출, 죽음

바하크는 쿠쉬 왕을 의심하며, 그의 행동(그의 초대)에 대해 생각했다. 바하크는 먼저 자신의 가족(아내와 자식들)과 재산을 안전한 성으로 보냈으며, 이어서 군대를 거느리고 카이막(Kaymak)으로 도망쳤다. 중국과 마친의 국경에는 그의 흔적을 남기지 않았다. 한곳에 평온하게 머물기는 어려울 것이나, 신(神)의 세계는 너무나 넓었다.

바하크가 피신하였다는 것을 전해 들은 쿠쉬는 격노하여 이성을 잃었다. 즉시 나팔을 불어 군대를 출정시켰으며, 그의 말은 바람처럼 빠르게 달렸다. 쿠쉬는 삼십만 명 이상의 전투력이 뛰어난 기병을 이끌고 바다를 건넜다.

쿠쉬의 군대는 닥치는 대로 바하크의 병사들을 도륙하였다. 마치 온 세상이 바하크의 적이 된 듯하였다. 추한 왕 쿠쉬는 마친부터 카이막까지 공격하였고, 백성들은 두려움에 떨었다.

쿠쉬는 또한 카이막 왕에게 전갈을 보냈다.

어찌하여 적들이 그대의 곁에서 안식을 얻었는가?
만약 그대가 진정한 짐의 노예라면, 즉시 그 야비한 자를
포박하시오.
만약 그대가 짐의 명령을 따르지 않는다면, 처벌과 고통
을 받을 것이오.

쿠쉬는 사신을 보낸 뒤 자신도 그곳으로 갔다. 그는 즉시 카이
막을 공격하길 원했다.
카이막 왕은 서신을 받고 바하크의 목숨이 걱정되었다. 그리하
여 바하크에게 믿을 만한 자를 보내 전했다.

목숨을 구하고 싶으면 떠나십시오.
쿠쉬와 그의 군대가 여기로 오고 있습니다.
그러하니 그대는 여기서 희망이 없습니다.
우리는 쿠쉬의 군대에 대적할 수 없습니다.
오늘밤 그대는 기다리지 말고 가십시오.

밤이 되자 바하크는 떠날 채비를 마치고, 허둥지둥 그곳을 떠났다.

바하크가 탈출했다는 소식을 접한 쿠쉬는 그를 추격하였다. 추격대의 모든 병사들은 손에 창을 들고 있었다. 쿠쉬는 티베트 근처에서 마침내 적들을 따라잡았으며, 적들은 추격대를 보고 두려움에 떨었다.

바하크의 병사들이 모두 도주하여 평야에는 바하크 왕 홀로 남게 되었다. 바하크는 한동안 맞섰으나 결국 생포되어 참수를 당했다. 바하크의 비단 옷은 흘러내리는 피로 산홋빛이 되었다. 마침내 쿠쉬가 바하크를 쓰러뜨린 것이다. 그리고 바하크의 용맹한 백이십 명의 병사들도 생포되었다.

쿠쉬는 국경을 지나 중국으로 돌아왔다. 그는 자신과 함께 온 이란 병사들에게 예를 갖추었으며, 많은 선물을 하사하여 이란으로 돌려보냈다.

쿠쉬는 자하크에게 서신을 보내 바하크의 죽음을 통보하다

쿠쉬는 자하크에게 서신을 보냈다.

폐하의 은덕으로 소신이 병사들을 이끌고 여기에 당도했을 때, 소신은 적군의 그림자도 보지 못했나이다.

마친 왕은 우리 군에게 해를 입혔으며, 그것이 우리 군을 패배로 이끌었습니다. 또한 그는 적군과 비밀리에 동맹을 맺어, 아비틴이 몰래 바다를 건너가게 했습니다.

소신은 그의 배반 행위를 발각하고 처음에는 호의적인 서신을 보냈사옵니다. 바하크에게 조정에 출석할 것을 명하였으나 그는 오지 않았습니다. 그리하여 소신이 바다를 건너 바하크를 공격했습니다.

바하크는 군대를 이끌고 도망쳤습니다. 소신은 카이막을 거쳐 티베트 근처에서 바하크를 따라잡았고, 그의 피로 강을 이루었습니다. 소신은 바하크의 몸을 두 동강이 내어 쓰러뜨렸고, 말발굽으로 시체를 짓밟았습니다.

소신은 모든 폐하의 적들이 똑같은 운명에 처해지길 바랍니다. 그리하여 세상은 폐하의 성은으로 태평성대를 이룰 것입니다.

소신은 군대를 해안가로 파견했으며, 새 한 마리조차 그 지역을 빠져나갈 수 없습니다. 적들이 안전한 장소를 찾지 못하면, 처벌과 고통을 달게 받게 될 것입니다.

그 후 쿠쉬는 콤단으로 이동하여 군대에서 십만 명을 선별하였다. 그리고 용맹하고 현명하며 영리한 샤바르(Shavar)를 지휘관으로 임명하였다. 쿠쉬는 샤바르를 바다로 파견하여 그 지역의 제후로 봉했고, 그에게 많은 조언을 해 주었다.

중국에서 쿠쉬의 잔학함

쿠쉬는 승승장구하며 적으로부터 안전하게 되었다. 그의 낮과 밤은 평온하고 즐거웠다. 쿠쉬는 아름다운 여인들과 때로는 정자에서, 때로는 정원에서 시간을 보냈다. 세상이 그의 뜻대로 되었기에, 그가 있는 곳에는 늘 풍악과 술이 있었다.

모크란(Mokran)부터 로마에 이르는 투란(Turan)* 왕들, 인도 왕부터 동쪽 각국의 왕에 이르기까지 모든 왕들이 쿠쉬에게 조공을 바쳤으며, 각 나라에서 보물을 진상했다.

모든 왕들이 쿠쉬의 명령에 복종하였으나, 쿠쉬의 생각은 달랐다. 쿠쉬는 갑자기 돌변하여 잔혹해지기 시작했다. 백성들에 대한 자애로움이 그의 마음속에서 사라졌다. 그는 본 것은 무엇이든 무력으로 빼앗았고, 잔인한 살기가 감돌았다.

---

* Tur가 통치하던 땅. 조로아스터 경전 아베스타나 샤나메를 비롯한 이란의 전통 서사시에서 Tur는 이란 전승의 영웅인 페리둔의 한 갈래 자손이다. 후일 이 지역을 투르크족이 차지하면서 투란족은 투르크족을 일컫는 말로도 사용된다.

이를테면 어느 날 아침 쿠쉬는 한 아름다운 여인에 대해 묻더니 밤이 되자 그 여인을 남편에게서 강제로 빼앗았다. 또한 쿠쉬는 성인 남녀를 탄압했으며, 어린아이에 대한 동정심도 없었다. 쿠쉬는 계속하여 만행을 저질렀으며, 잔혹하기 그지없었다. 마치 악마와 같았다. 여인들을 빼앗고, 백성들의 재산을 갈취했다.

대신 누샨은 쿠쉬에게 더 이상 충언을 올릴 수가 없었다. 쿠쉬의 잔혹함을 막을 수도 없었다.

쿠쉬는 자신의 행위에 대해 두려움이나 수치심을 느끼지 않았으며, 백성들을 존중하지도 자애롭게 대하지도 않았다.

인간이 수치심이나 두려움을 느끼지 못한다면, 온갖 만행을 저지르는 것이 당연하다. 만약 그대가 선량한 사람이라면, 그대의 악행으로 나쁜 결과가 초래되지 않도록 경계해야 할 것이다. 만약 그대의 언행이 일치한다면, 물론 안전할 것이다.

백성들은 쿠쉬의 악행으로 불행해졌으나 그 누구도 감히 항의하지 못하였다. 쿠쉬의 군대도 다른 백성들과 같이 쿠쉬의 만행에 고통받았다.

백성들은 모두 신에게 기도하며 절하였다. 백성들이 말하였다.

"신이시여, 오직 신만이 정의로운 재판관이시니, 쿠쉬에게서 저희들을 구해 주소서."

아비틴이 바실라 태후르 왕에게 돌아오다

한편 아비틴이 돌아오자, 바실라는 기쁨으로 가득했다. 거리에는 백성들이 행복하게 서 있었으며, 비단으로 벽을 장식하였다.

군대를 거느리고 해안가 요새 근처에서 아비틴을 반긴 연륜 높은 태후르 왕은 그를 따뜻하게 포옹하며 말했다.

"위대한 왕이시여! 과인은 그대가 돌아와 기쁘오. 또한 그대가 원수들에게 철저히 복수를 하여 행복하기 그지없소이다."

아비틴이 답하였다.

"전하! 소인은 쿠쉬가 도착하면 전투를 벌이려고, 몇 달 동안 해안에서 머무르기로 결정하였나이다. 하오나 소인은 전하께서 더 많은 병사들이 죽으면 행복해하지 않을 것이라 생각했사옵니다."

태후르 왕이 하답했다.

"용맹한 자여! 겸손이 지나치시오. 신의 가호로 그대가 지혜로운 판단을 내렸기에, 그 어느 집에서도 곡소리가 나지 않소이다. 이제 그대는 그대의 아름다운 성으로 기쁘게 돌아왔소."

태후르는 아비틴의 머리에 보석을 쏟아부었다. 아비틴은 이것으로 가난한 자들을 도와주었다. 그들은 모두 왕의 귀환을 신에게 감사하였다.

아비틴과 태후르 왕은 친분이 두터웠으며, 이에 백성들은 아비틴 일행을 가까운 가족으로 여겼다. 아비틴 왕은 매일 태후르를 찾아가 담소를 나누었는데, 아비틴이 조금이라도 늦으면 태후르 왕은 섭섭해하였다.

백성들은 아비틴에게 매우 친절했으며, 매일 많은 사람들이 아비틴의 집 주변으로 모여들었다.

아비틴은 자신이 얻은 재물을 그의 측근에게 선물하여 입지를 견고히 하였다. 특히 그의 역관 파라(Fara')에게 값비싼 말, 안장, 디나르, 의자, 중국 의복 등 많은 선물을 하사하였다. 아비틴은 밤낮으로 역관 파라와 함께 지냈으며, 그들은 기쁨과 슬픔을 함께하였다.

아비틴 왕은 상냥하기 그지없었으나 전장에서는 그를 따라올 자가 없었다. 아비틴이 말에서 내리면, 많은 사람들이 몰려와서 자리를 가득 메웠다.

남녀 할 것 없이 아비틴을 보기 위해 찾아왔으며, 때로는 너무 많은 사람들이 몰려들어 넘어지기도 하였다.

아비틴이 프라랑과 사랑에 빠지다

아비틴 왕은 많은 바실라 여인들과 만남을 가졌다. 여인들은 향나무처럼 날씬하고, 아름다운 달과 같은 용모를 지니고 있었다.

한번은 아비틴이 술에 취하여 파라에게 말하였다.

"과인이 그대에게 비밀을 말하고 싶은데 아무에게도 말해선 안되오. 과인은 세상에서 많은 여인들을 보았으나, 바실라 여인들처럼 아름다운 여인들을 본 적이 없소. 바실라의 여인들은 인형과 같이 아름다우며, 장뇌(樟腦)와 같이 뽀얗소. 그리고 그들에게는 항상 좋은 향기가 난다오. 바실라의 여인들은 빛나는 태양보다 더 아름다우며, 훌륭한 정원보다 더 아름답소."

이 말을 듣고 파라는 웃으며 아뢰었다.

"전하! 진정 바실라의 평범한 여인들이 전하의 눈에는 세상 다른 여인들보다 아름다우십니까? 전하께서 태후르 폐하의 따님을 뵙는다면 뭐라고 말씀하시겠나이까? 공주님은 전하의 눈에 틀림없이 달과 같이 보일 것이옵니다."

아비틴이 파라에게 말했다.

"과연 과인의 측근이로다! 공주님이 몇 분이신가? 그분들의 용모에 대해 고하라."

파라가 대답하였다.

"공주님은 모두 서른 분이시며, 태양보다도 아름다우십니다. 공주님들은 향나무와 같이 크고 날씬하시며, 고결하시기 때문에 그 누구도 뵌 적이 없습니다. 하오나 그중에서도 가장 뛰어나신 공주

님이 계시옵니다. 세상은 공주님의 아름다움으로 광채가 나는 듯
하오며, 궁정은 공주님의 미모에 빛이 나옵니다. 공주님의 미모는
아름답기 그지없으며, 요염하기는 무희와 같사옵니다. 공주님께서
궁을 거니실 때면, 긴 머리가 발에 닿사옵니다. 공주님께서 비녀
를 푸시면, 머리카락이 공주님의 발에 닿사옵니다. 공주님의 이름
은 프라랑(Frarang)이시며, 신라 왕은 공주님을 보기 위해 매일 아
침 눈을 뜬답니다. 만약 전하께서 프라랑 공주님의 눈과 마주치신
다면, 즉시 사랑에 빠질 것이옵니다. 프라랑 공주님께서는 아무 이
유 없이 웃지 않으시며, 간혹 웃으신다면 별들이 공주님의 아름다
움에 고개를 숙일 것입니다. 공주님의 지혜는 미모보다 뛰어나옵
니다. 물론 공주님의 용모는 지혜에 걸맞게 아름답습니다. 프라랑
공주님께서는 지혜를 겸비하시여 훌륭한 성품을 지니셨으며, 수
줍음으로 고개를 들지 않사옵니다. 여인은 수줍음이 많고, 정결해
야 하옵니다. (이하 원서 내용 확인 불가)"

파라가 말을 마치자, 아비틴은 공주를 만나고 싶은 마음이 간절
해졌다.

아비틴은 사랑에 빠져 이성을 잃고 부끄러움을 상실했다. 안절
부절 못했으며, 그의 심장은 빠르게 뛰었다.

아비틴이 파라에게 말했다.

"충직한 자여! 그대는 과인을 초조하게 만들었소. 과인의 슬픔

을 되새기고자 어이하여 그대에게 하문해야 하는가? 과인은 공주를 아직 만나보지 못했으나, 공주와 사랑에 빠졌소. 잠시라도 공주와 만날 수 있는 방도가 있기를 바라오. 잠시라도 공주와 만날 수 있다면, 신께서 이 세상을 과인에게 준 듯할 것이오."

파라가 아비틴에게 아뢰었다.

"전하, 소신이 전하의 다정한 정원을 사랑으로 채울 터이니 심려치 마옵소서. 자책도 마옵소서. 전하의 영광을 소신이 실현시키겠나이다. 전하께서 소신의 말을 듣기만 하신다면, 앞으로 일어날 일에 만족하실 것이옵니다."

아비틴이 파라에게 말하였다.

"그렇게 하겠소. 그대의 말대로 하겠소."

파라가 아비틴에게 아뢰었다.

"태후르 폐하께서 전하를 뵙는 것을 좋아하시니, 전하께서는 부끄러워하지 마시고 매일 조정에 나가십시오. 태후르 폐하께서는 권리와 지식, 종교에 대한 문제들을 좋아하시니, 이에 대한 담소를 나누소서. 폐하께서 전하의 지식을 알게 되신다면, 전하께서도 마음의 안정을 찾을 것이옵니다. 폐하께서는 전하와 가까워질 방도를 찾을 것이오며, 전하를 자애롭게 대할 것이옵니다. 폐하께서는 심지어 전하께 왕자님들보다 더 높은 지위를 하사할 것이오며, 전하를 가까운 친족과 같이 대하시여 전하를 흡족하게 할 것이옵니다. 그렇게 일이 성사된다면, 대신에게 도움을 청해 감언이설로 전하의 편으로 만드십시오. 그런 다음 폐하께 고하십시오. '소인이 폐하와 함께하게 되어 소신의 가문과 소원하게 되었나이다. 소인은 자애로우시고 덕망이 높으신 폐하 외에는 달리 의지할 곳이 없사옵니다. 소인은 폐하의 치세로 이 세상의 모든 자혜로움을 경험했나이다. 하오나 소인은 소원이 하나 있나이다. 부디 폐하의 가족이 되게 해 주소서. 만약 소인이 왕족의 일원이 된다면, 정녕 소인의 미래는 행복할 것이옵니다. 소인은 공주님 덕분에 폐하의 가까운 친족이 될 것이며, 이 국혼으로 소인은 유명해질 것이옵니다.'"

파라가 계속해서 아뢰었다.

"하오나 전하, 공주님의 이름을 부르시면 아니 되옵니다. 프라랑이라는 이름을 입 밖에 내지 마옵소서. 그리하면 태후르 폐하께서 소신을 의심하실 것이오며, 소신에게 복수를 할 것이옵니다. 폐하께서는 소신이 전하께 비밀을 발설한 것을 알아내실 것이옵니다."

아비틴은 파라의 얼굴에 몇 번이나 입을 맞추며 대단히 고마워했다. 그리고 파라에게 말했다.

"만약 과인이 소망을 이룬다면, 그대에게 부와 명예를 줄 것이다. 만약 과인의 인생이 그대의 충언으로 달라진다면, 과인은 그대가 원하는 것을 줄 것이다. 만약 과인이 왕좌를 되찾는다면, 그대에게 고관 백작 중 가장 높은 자리를 줄 것이다. 과인은 그대를 항상 곁에 둘 것이며, 그대는 과인의 왕국의 재무와 정사를 돌보는 동반자가 될 것이다."

그날 밤, 아비틴은 두건과 카프탄(kaftan)*을 그에게 내 주었다. 파라는 술에 취하여 잠이 들었지만, 아비틴은 프라랑에 대한 상념(想念)으로 자지도 먹지도 못하였다. 아비틴은 밤새도록 골몰하였으며, 그의 영혼은 숲 속을 헤매듯이 불안하였다.

아비틴과 태후르가 폴로 경기를 하다

다음 날 아침, 아비틴 왕은 애타는 마음으로 왕실에 갔다. 아비틴이 태후르에게 고하였다.

"전하, 전하께서 윤허하신다면 내일 폴로 경기를 하고 싶사옵니다."

태후르가 대답하였다.

"그대의 말은 일리가 있으니 항상 그대의 청을 윤허하노라."

아침이 되자 아비틴은 폴로 경기를 준비할 것을 군대에 명하였다. 시종들이 일어나자, 아비틴은 들판으로 가서 먼지가 일지 않도

✱ 중동이나 중앙아시아 남성들이 허리에 벨트를 매고 입는 긴 옷을 말한다.

록 물을 뿌릴 것을 명하였다.

연륜이 깊은 태후르와 아비틴은 들판으로 행차하였다. 들판은 우주만큼 광활했으며, 쾌적하였다. 그리고 궁궐과도 연결되어 있었다.

아비틴은 턱수염에 기름을 바르고, 터키석과 루비가 박힌 왕관을 썼다. 그리고 향나무와 같은 말에 올라앉아 이리저리 거닐고 있었다.

궁녀들은 폴로 경기를 보기 위해 발코니로 올라갔다.

궁녀들은 손가락으로 서로에게 저마다의 신호를 보내며, 곧 밝아올 세상의 빛을 예고하는 듯했다. 들판은 아비틴의 얼굴로 인해 하늘의 별과 같이 환해졌다.

태후르의 모든 공주들과 고관 백작들이 말하였다.

"아비틴과 밤을 보내는 여인, 아비틴과 밤을 지새우고 아침을 맞이하는 여인, 아비틴과 결혼하는 모든 여인들은 행운을 타고 났으며, 해와 달이 그녀에게 절을 할 것입니다."

성문을 나와 들판에 도착한 뒤 태후르 왕이 먼저 경기 상대를 골랐다. 아비틴은 들판 한켠에서 왕의 12명의 아들 옆에 서 있었다. 경기 상대는 폴로 경기에 능한 귀족이었다.

태후르 왕은 자신의 사람들로만 편을 짜서 배치하였다. 아비틴은 고심하였다. 만일 이란인만으로 편을 짜서 승리한다면, 상대편이 복수할 수도 있겠다고 생각하였다.

그리하여 아비틴은 태후르 왕에게 고하였다.

"전하, 경기 선수를 다른 식으로 구성해도 되겠나이까? 모든 선수들이 말 타는 법을 알고 있으니, 이는 신께서 특별한 재능을 주신 것이 아닙니다. 선수들은 많은 무기와 경기 도구를 가지고 있지만, 그것들을 사용할 수 없다면 말에게 짐이 될 것입니다. 전하의 명망 높은 왕자님들과 전하의 친지들이신 고관 백작들 중에서 절반을 저희 편에 주십시오. 전하, 그것이 공평한 편 가름인 줄 아옵니다. 자비로움이 정직과 거리가 멀다면 나약함이 자비롭지 못한 자의 행동에 나타날 것이오며, 이리되면 그의 행동이 나쁜 결과를 초래할 것입니다."

태후르는 신관(神官)의 조언을 들었다.

(이하 원서 내용 확인 불가)

태후르 왕은 아비틴의 제안이 현명하다고 여기고 그의 제안을 실행하기로 했다. 그리하여 왕자 여섯 명을 골라 아비틴의 편에 주었고, 그들은 경기에 투입되었다.

들판에 공이 던져지자 기수들은 들판 여기저기에서 공을 쳤다. 용맹한 기수들은 먼지와 어두운 날씨 때문에 부담을 느꼈다.

아비틴은 태후르 편을 두 번이나 이기고 기뻐하였다. 그 후 출중한 기수인 아비틴은 말에 올라 위용을 과시하였다. 너무나 빨라서 눈으로 그를 쫓아가지 못할 정도의 속력으로 공을 쳤다. 또한 마치 공이 나는 듯이, 공이 달까지 날아갈 듯이 쳤다. 아비틴이 공을 치자 공은 너무 높이 날아가 좀처럼 땅으로 떨어지지 않았다. 아비틴은 공을 다시 쳐올리며 가지고 놀았다. 아비틴은 이와 같은 실력을 일곱 번이나 뽐냈으며, 공을 들판 밖으로 쳐 버렸다.

그의 경기를 지켜본 이들은 깜짝 놀랐다. 용맹한 기수들은 경기를 멈추었으며, 그들의 말의 다리는 묶여 있는 듯하였다. 모든 기수들이 말하였다.

"그 누구도 아비틴과 대적하여 경기를 하거나 싸울 수가 없다. 전장에서 전사가 명장(名將)를 패배시킬 수 있다 하더라도."

태후르 왕은 아비틴의 얼굴에 입을 맞추며 그의 폴로 실력에 기뻐하였다. 태후르 왕이 그에게 말하였다.

"진정 그대는 잠쉬드의 영광을 물려받았도다. 과인은 그대에 대한 애정이 결코 식지 않기를 바라오. 그대는 왕관을 쓸 자격이 있는 진정한 왕이오. 과인의 악마와 같은 눈을 그대의 적들에게 돌리면, 그들의 심장은 고통으로 가득할 것이오."

바실라의 고관 백작들이 웅성거렸다. 그들은 말하였다.

"이와 같은 기수를 본 적이 없다. 아비틴과 같이 뛰어난 자는 없다."

모든 이들이 아비틴을 사랑하였으며, 그들은 경기가 끝난 후 궁궐로 갔다.

아비틴과 태후르의 연회

태후르 왕은 피로를 풀고자 술과 음식을 가져올 것을 명하였다. 그들은 하루 종일 즐거운 시간을 보냈으며, 태후르 왕은 아비틴을 극진히 대접하였다. 태후르 왕은 아비틴에게 많은 보물을 하사하였으니, 이는 마치 세상에 있는 모든 보물을 준 듯하였다.

태후르 왕의 옥좌와 아비틴의 왕좌 사이에는 나무로 된 회랑이 있었다. 회랑은 꽃으로 가득했으며, 옥좌에도 꽃이 걸려 있었다.

그 이후로도 그들은 밤낮으로 연회를 베풀어 함께했다.

모든 이들이 아비틴을 흠모하였다. 그리하여 어떤 여인들은 아비틴 때문에 이혼을 결심하기도 하였다.

봄이 되자 아비틴은 태양도 감탄할 듯한 연회를 다시 열었다. 황금 천과 황금 장신구로 정원을 꾸몄으며, 정원 한가운데 아름다운 옥좌를 놓고 사방에 천을 깔았다.

태후르 왕이 연회장에 들어서자, 모든 천이 말발굽 아래 찢어졌다. 아비틴이 태후르 왕의 말발굽 아래 디나르를 쏟아붓자, 그것은 마치 하늘에서 디나르가 떨어지는 것 같았다.

아비틴은 많은 보물을 진상하였으며, 이로 인해 태후르 왕의 국고는 가득 찼다. 아비틴의 일족 중에 태후르 왕에게 금을 붓지 않은 자가 없었다.

태후르가 아비틴에게 지식에 관해 질문하다

그 후로도 아비틴은 종종 태후르 왕과 함께했는데, 그때마다 태후르 왕은 군대를 대동하기도 하였고, 혼자 오기도 하였다.

한번은 태후르 왕이 술에 취하지 아니하여, 지식에 관해 이야기하기 시작했다. 역관 파라가 통역하였다.

먼저 아비틴이 신과 종교에 관해 태후르 왕에게 물었다.

"신(神)에게 가까이 가는 길은 무엇입니까? 이에 대한 전하의 고견은 무엇이옵니까?"

태후르 왕이 대답하였다.

"신은 유일한 분이시며, 이 세상에는 신 이외에 다른 창조주는 없다네. 신은 만인의 주인이시며, 모든 피조물에게 잠잘 곳, 먹을 것 등 모든 것을 주시는 분일세."

아비틴은 기뻐서 아뢰었다.

"지혜가 항상 전하와 함께하시길. 전하께서는 신과 창조주가 존재하신다는 것을 어떻게 깨달으셨나이까?"

"과인의 조상과 선왕들께서는 그들 스스로를 창조주라 부르셨네. 자식이 있는 자는 그 누구나 스스로를 창조주로 알고 있지. 백성들이 산에 자신의 이름을 붙이기 시작한 것은 바실라*의 시대부터이오. 그분(바실라)은 선대 왕들보다 지식이 뛰어나셨으며, 고관 백작이나 왕실의 명성보다도 더 높으신 분이셨소. 그분은 산옆에 도시를 만드셨으며, 역사에 그 이름을 남기셨다네. 그분에게는 해와 달과 같이 아름다운 왕자님이 계셨는데, 바실라의 모든 백성들은 그분을 아주 사랑했다오. 그분은 왕자를 자기 자신처럼 돌보았지만, 세상의 번뇌에 고통받았지. 왕자님께서 두 해 만에 돌아가셨을 때, 모든 바실라 백성들이 슬퍼하였소. 바실라께서는 밤낮으로 슬픔에 잠겼으며, 고통으로 늘 소리치며 우셨다오. 어느 날 바실라께서는 그분께 일어난 일에 대해 깊게 생각하셨소. 그리고 깨달음을 얻으셨다네. '만약 나의 영혼보다 더 사랑하는 자식이 나의 창조물이라면, 어찌하여 나의 창조물에 결함이 있는 것이며 불완전한 것인가?'

(원서 내용 확인 불가)

'만약 우리가 창조주라면 어찌하여 우리가 원하는 것을 만들 수

---

* 여기서 바실라는 신라의 아버지, 즉 선왕 중 한 분을 지칭한다.

없단 말인가? 이것은 다른 누군가가 우리를 창조했다고밖에 생각할 수 없는 것이며, 그의 창조 행위를 깨달을 수도 없다.' 다음 날 아침, 대신들이 바실라께 오자, 그분은 대신들 중 학식 있는 자들을 뽑으셨소. 바실라는 그들에게 비밀에 관해 질문하셨소.

(이하 원서 내용 확인 불가)

바실라께서 그들에게 말씀하셨소. '지난밤, 과인이 꿈을 꾸었는데, 그 꿈에 대해 알고 싶어 아침까지 잠을 이루지 못했소. 그리고 생각하였소. 누가 그 스스로를 창조주라 칭할 수 있는가? 자식을 낳은 자? 창조주란 이름은 우리에게도, 지혜로운 자에게도 가당치 않소. 지금 과인에게 한 가지 의문이 있으니 도와주시오. 만약 인간이 창조주라면, 우리는 우리가 원하는 것을 창조할 수 있어야 하오. 정의로운 자, 아름다운 자, 완벽한 자, 용맹한 자, 현명한 자, 무예가 출중한 자. 나이가 들어도 세상이 그를 괴롭히지도, 잃지도 않을 것이란 말이오. 때때로 사람은 태어나자마자 바로 죽소. 때로는 장수하는 사람도 있소. 허나 사람은 타고난 운명을 피할 수 없소. 오랫동안 행복하며 존경을 받은 자가 나이가 들어 병이 들 수도 있소. 그러니 우리가 창조주라면, 모든 이들은 자신의 자식을 보호할 것이오. 허나 그분(神)이 세상을 회양목과 같이 창조하셨소. 자식의 흔적은 그 어디에도 없으니, 어이하여 그분(神)을 창조주라 불러야 하오? 실로 그분(神)은 사람을 만드신 창조주이시며, 하늘과 땅을 창조하셨소. 그분(神)은 정확히 당신이 원하는 대로 세상을 창조하셨소. 이제 그대들을 설득시키려 논리 정연하게 말하겠소. 우리의 창조주는 한 분이시며, 모든 것은 그분에게 달려 있소.' 대신들은 바실라의 말씀이 지당하다고 여기고 납득하였소이다. 바실라 백성들은 그 이후로 신(神)을 숭배하게 되었다오. 이리하여 과인의 고귀한 선왕들은 신을 섬기게 된 것이오. 우리들은 4천 년 전부터 지금까지 신을 섬기고 있소."

아비틴이 대답하였다.

"왕이시여, 전하의 말씀은 지당하시옵니다. 그리하면 이제 땅, 물, 바람에 대한 전하의 고견을 들려주십시오. 하늘에서 움직이는 태양, 빛나는 달, 별에 대해서는 어찌 생각하십니까?"

태후르 왕이 대답하였다.

"이 모든 것들은 신의 존재를 증명하는 것이오. 신은 세상을 이렇게 창조하셨고, 우리들은 그 일부에 불과하오. 또한 신은 어미가 자식을 돌보듯 밤낮으로 우리들을 가르치신다오."

아비틴이 물었다.

"종교와 신관에 대해서는 어찌 생각하십니까? 책에 따르면, 하늘에서 인간을 위해 내려왔다는 사람들에 대해서는 어찌 생각하십니까? 천국과 지옥에 관해서는 무엇을 알고 계십니까? 선행과 악행의 보상에 대해서는 어떻게 생각하십니까?"

태후르 왕이 하답하였다.

"과인은 그것에 대해서는 잘 모르겠네. 그대의 생각을 들려주시게나. 종교에 대한 그대의 생각을 말해 보시게. 짐은 좋아하는 것에 대해 배우는 것을 결코 소홀히 하지 않는다오."

현명한 아비틴은 왕으로부터 여러 문제에 관한 가르침을 받았다. 왕은 마치 모든 죄를 씻은 듯이 배움에 대해 흡족해하였다. 태후르 왕은 아비틴의 가르침에 기뻐하였으며, 그를 다정하게 대하였다.

태후르 왕은 배움에 관심을 기울이는 한편, 그의 과거로 인해 슬퍼졌다. 밤이 되자 태후르 왕은 신에게 용서를 구하고 기도를 올렸다.

아비틴이 점성술을 이용하여 신점을 보다

새해 첫날, 즉 파르바르딘(Farvardin)의 달(月)*의 호르미즈드(Hormizd) 일(日)**에 아비틴은 새해 신점(神占)을 위해 점성술을

---

* 파르바르딘의 달은 페르시아 달력으로 양력 첫 번째 달을 의미한다.
** 호르미즈드 일은 페르시아 달력으로 매달 첫째 날을 의미한다.

보러 갔다.*

신은 아비틴에게 시대의 흥망성쇠에 대해 알려주었으며, 이에 아비틴은 세상이 자신의 통제하에 있는 듯하였다.

아비틴은 신점 결과에 매우 흡족해했으며, 행운이 그의 편임을 확신했다. 한편 신점의 결과를 확신하면서도 그 누구에게도 말하지 않았다. 어떤 것도 실현되지 않은 이상, 말할 필요가 없기 때문이다.

아비틴은 신년 운수를 점치기 위해 칠성과 열두 달의 회전을 계산하였다. 여기서 그는 자신이 태후르 왕의 딸과 결혼하여 높은 지위에 오를 것이며, 이로써 그의 꿈이 이루어질 것이라는 점괘를 읽었다. 또한 이 국혼으로 머지않아 가문의 잃어버린 왕좌를 되찾아 왕이 될 것이라는 점괘 또한 읽었다. 국혼으로 왕국을 일으켜 세울 것이며, 그의 가문은 고통과 괴로움에서 벗어날 것이라는 점괘도 읽었다.

아비틴은 점괘로 운수가 대통하였다는 것을 알고, 결혼을 결심하였다.

✽ 전통 페르시아 역법은 춘분을 새해의 시작으로 한다. 조로아스터교 전통에 따르면 그날 낮과 밤의 길이가 같아 모든 것의 시작으로 보기 때문이다. 춘분에 시작되는 신년 축제를 노우루즈라고 하는데, 지금도 페르시아 문화권에 널리 퍼져 있고, 유네스코 세계무형문화유산에 등재되었다.

아비틴이 태후르의 딸에게 청혼하다

아비틴은 (통역관) 파라와 (친구) 캄다드(Kamdad)를 조정에 보내 (신라 왕에게) 예를 갖추어 전갈을 전하게 하였다.

파라와 캄다드가 바닥에 입을 맞추고 절을 하며 경의를 표하자 태후르 왕은 캄다드를 미소 띤 채 바라보며 말했다.

"어찌하여 그렇게 서 있는가?"

캄다르가 아뢰었다.

"저희들은 왕(아비틴)의 전갈을 가지고 왔사옵니다. 아비틴 왕께서 전하게 고하라 하셨습니다. 전하께서 윤허하신다면, 전갈을 아뢴 후 앉겠나이다. 아비틴 왕께서 그리하라 명하셨습니다."

태후르 왕은 웃으며 캄다드에게 가까이 오라 명하였다. 그리고 무척 궁금해하며 아비틴의 청이 무엇인지 고하라 하였다.

캄다드는 총기 있게 아뢰기 시작했다.

"전하의 충신이신 아비틴 왕께서 말씀하셨습니다."

소인은 왕좌를 잃고, 나라를 잃어 부끄럽습니다.
전하께서는 소인을 정성스레 대해 주셨으며, 전하의 가족
이나 친지보다도 소인을 더 존중해 주셨사옵니다. 또한 소
인이 이 세상 어디에도 피할 곳이 없을 때, 소인을 보호해

주시고 후원해 주셨나이다. 만약 전하께서 바실라에 은신처를 마련해 주시지 않으셨다면, 아마도 소인은 적들에게 붙잡혔을 것이옵니다. 그리하여 소인은 살아 있는 한, 신(神)과 전하께 감사할 것이옵니다.

오, 전하! 소인은 단 한 가지 꿈이 있사오며, 그 꿈이 소인의 운명을 결정할 것이옵니다. 소인의 꿈은 보석만큼이나 진실하오며, 너무나 값지고 소중하옵니다.

전하의 치세에 소인은 덕망을 얻었사옵니다. 만약 소인을 전하의 가족의 일원으로 받아 주신다면, 소인은 더욱 존경받을 것이옵니다. 여러 공주님 중에서 한 분을 소인에게 주신다면, 소인은 부마의 자리에 오를 것이옵니다.

전하, 소인이 전하의 핏줄을 이어받은 자식을 가질 수 있다면, 더할 나위 없이 행운이겠나이다. 그리고 그 아들은 자하크를 전멸시키고, 무녀(巫女)와 도술사들을 벌할 것이옵니다.

캄다드는 미사여구를 덧붙이며 전갈을 마무리하였다.

"사랑을 얻고자 한다면, 행운이 따를지 시험해 봐야 하는 법입니다."

태후르 왕은 전갈을 들은 후 화가 나서 손가락을 꽉 쥐었다. 왕은 바로 대답하지 않고 심사숙고하였다.

캄다드는 왕의 침묵에 걱정이 되어 말했다.

"무엇을 생각하시옵니까, 전하. 어찌하여 대답해 주시지 않으십니까? 이 세상에 아비틴 왕보다 더 나은 분이 어디에 있으십니까? 신이 창조한 사람 가운데 아비틴보다 더 용감하고, 기품 있고, 현명한 자는 없습니다. 아비틴 왕의 할아버지와 아버지, 아비틴 왕 또한 왕이셨고, 그의 가문은 용맹한 혈통의 왕족이옵니다. 지금은 한 줌의 흙으로 돌아갔으나, 지난날 수많은 귀족들이 아비틴 왕의 충신이었습니다. 아비틴 왕께서 처하신 지금의 상황은 단지 잔인한 운명의 탓이옵니다. 운명이란 변덕스럽사옵니다. 한때는 무언가를 베풀고, 어느 날 다시 빼앗아 갑니다. 운명은 매일 새롭게 펼쳐지나이다. 인간이 신과 싸울 수는 없는 법입니다. 전하께서는 아비틴 왕과 가족이 되어도 결코 부끄럽지 않을 것이옵니다. 이란왕(아비틴)은 세상에서 가장 높으시고, 고귀하시며, 사랑스럽습니다."

태후르 왕이 하답하였다.

"오, 캄다드! 그대의 말이 맞소. 허나 귀족들은 나쁜 평판과 불화를 막고자 외국인에게 딸을 주지 않는다네. 아비틴이 왕이 될 수도 있다는 말은 옳으나, 그는 물 밖에 떨어져 곧 죽을 물고기와 같은 신세라네. 외국인은 항상 골칫거리이니, 아비틴의 불충을 보게 될지도 모르오."

캄다드는 태후르 왕의 말에 화가 나서 고하였다.

"오, 정의로우시며 훌륭하신 전하! 외국인의 평판은 전하께서 말씀하신 대로입니다. 하오나 아비틴 왕은 그렇지 않사옵니다. 이 세상에서 아비틴 왕보다 말을 잘 타는 분도 없사오며, 아비틴 왕보다 용모가 수려하신 분도 없나이다. 감히 누가 아비틴 왕께서 명예롭지 못하다고 말할 수 있겠나이까? 아비틴 왕께서는 모든 왕들이 자랑스러워하시는 위대한 왕 잠쉬드의 손주이십니다. 아비틴 왕께서 자신의 운명으로 인해 곤경에 처해 있으나, 곧 고결함과 보물을 되찾을 것이옵니다. 시들어 버린 꽃을 본 적이 있으십니까? 가을에는 가시만 남아 있지만, 봄에는 다시 피옵니다. 전하! 아비틴 왕의 청을 윤허하여 주시옵소서. 전하께서 이를 윤허치 아니하시면, 아비틴 왕께서는 전하의 우정에 의심을 품으시고, 오늘이라도 바로 떠날 것입니다. 실로 아비틴 왕은 전하의 명으로 여기를 떠나야 할 것이오며, 이러한 수치스러운 상황을 견디기 힘들어하실 것입니다. 그리하여 아비틴 왕은 스스로 목숨을 끊을지도 모릅니다. 아비틴 왕께서는 치욕을 맛보느니 죽는 편이 나을 것이옵니다. 아비틴 왕께서는 뭐라 변명하오리까? 아비틴 왕께서 전하께 혼담을 넣었으나 전하께서 가족이 되는 것을 마땅치 않아 하시었으며, 공주님의 신랑감으로 보지 않았다고 말하는 자들은 어찌하오리까? 아비틴 왕께서 결혼 승낙을 고마워하신다면, 전하께서 염려하시는 것이 무슨 문제가 되오리까? 고귀한 마음은 명예나 부끄러움을 결코 쫓지 아니하며, 약해지지도 않습니다."

그의 말에 왕은 곧바로 일어서서 역정을 내며 쳐다보았다. 그리고 말하였다.

"아비틴은 자랑스러운 젊은이이며, 박학다식하도다. 허나 짐은 그의 꿈이 실현되어 결국 왕실을 떠날까 두렵소. 내 딸과 잠시 지내다 떠나 버리고 비정하게 군다면, 내 딸은 슬퍼할 것이며, 짐도 딸의 슬픔으로 괴로워할 것이오."

캄다드가 대답하였다.

"오, 정의로우신 전하! 소신에게 해결책이 있나이다. 전하께서 윤허하신다면, 아비틴 왕께서 모든 공주님들을 뵈러 갈 것입니다. 그리하여 아비틴 왕께서 사랑으로 한 분을 선택하신다면, 그분을 떠나지 않을 것입니다. 전하께서 신붓감을 스스로 선택하신다면, 의심할 여지없이 부인을 눈에 넣어도 안 아플 정도로 아끼실 것입니다. 자신이 선택한 부인을 어찌 떠날 수 있겠습니까? 사랑은 결코 억누를 수 없습니다. 그리한다면 그 사람은 불충한 자가 아니라 매정한 사람입니다."

태후르 왕은 침묵을 지키며 아무런 말도 하지 않았다. 침묵은 계속되었다. 남자가 침묵하는 것은 수긍의 뜻이며, 또한 만족한다는 표시이다. 태후르 왕이 말했다.

"아비틴에게 그대의 꿈을 윤허한다고 전하시게."

파라와 캄다드가 돌아와 모든 일을 소상히 고하자, 아비틴은 기뻐하였다.

아비틴은 파라와 캄다드에게 비단과 아랍 말 등 많은 선물을 하사하였고, 기쁜 나머지 연회를 베풀기로 하였다.

아비틴이 프라랑을 선택할 방도를 묻다

아비틴은 술을 마시며, 파라에게 비책을 알려 줄 것을 청했다.

"프라랑을 선택하기 위해 어떤 묘책을 써야 하오? 프라랑이 짐의 곁에 있다면, 이 세상을 다 가진 것 같을 것이오."

파라가 대답하였다.

"오, 자유를 사랑하시는 전하, 그 누구에게도 프라랑의 이름을 말씀하시지 마옵소서. 태후르 왕께서 윤허하셨기에 전하께서는 모든 공주님을 한 분씩 찾아뵈어야 합니다. 소신이 전하께 프라랑 공주님의 특징을 알려 드리겠습니다. 다른 공주님들께서 별과 같으시다면, 프라랑 공주님께서는 달과 같습니다. 태후르 왕께서는 공주님들이 무리를 지어 거처하도록 법도를 정하셨습니다. 각 처소에는 열 분의 공주님들이 계시며, 한 처소는 황금과 장신구로 꾸며져 있습니다. 공주님 중 최고는 세상의 왕과 같사옵니다. 또 다른 처소에서는 공주님들을 알아 볼 수 없사옵니다. 공주님들께서는 화려한 옷이나 황금 장신구를 착용하지 않으셨으며, 프라랑 공주님께서는 가장 소박한 옷을 입고 계시옵니다. 하오나 프라랑 공주님께서는 서른 분의 공주님 중 가장 키가 크시며, 공주님의 아름다움으로 해와 달이 빛날 정도입니다. 프라랑 공주님께서는 미간 사이에 아름다운 검은 점을 지니고 계시며, 다른 공주님들보다도 극진히 왕을 돌보시는 분입니다. 프라랑 공주님께서는 긴 속 눈썹과 아름다운 용모를 지니셨습니다. 전하께서 프라랑 공주님의 얼굴을 보신다면, 자연스럽게 사랑에 빠질 것이옵니다. 프라랑 공주님은 태후르 왕께서 가장 사랑하는 따님이시며, 항상 아버지를 보필하나이다."

아비틴은 파라에게 혼인 전통과 관습, 무엇을 해야 할지에 대해 질문하였다.

"두 사람은 서로 만남을 가진 후 사랑에 빠져야 합니다. 그러고 나서 남자는 겨울에 구할 수 있는 길고 푸른 바질(basil)을 가져와야 합니다. 봄과 가을에도 이 식물을 구할 수 있사오며, 사람들은 일 년 내내 잔치에 이 식물을 사용하옵니다. 진귀한 보석으로 장식된 황금색 유자에 바질을 묶어야 합니다. 신랑은 바질로 묶은 황금색 유자를 유모에게 건네고, 유모는 신부에게 전해 줍니다. 만일 신부가 거절한다면, 유자를 받지 않고 남자에게 되돌려 줍니다. 허나 신부가 허락한다면, 유자와 바질을 받아 입을 맞추고 간직합니다."

아비틴이 말하였다.

"여자도 남자를 만난 후 결혼을 수락한다는 것은 멋진 이야기요. 과인은 프라랑 공주가 과인의 유자를 받지 않아 수치스럽게 돌아올까 봐 염려되오."

파라는 아비틴의 생각에 웃으며 말하였다.

"오, 아름다운 전하! 어여쁜 프라랑 공주님은 사랑에 빠질 것이옵니다. (원서 내용 확인 불가)"

아비틴이 프라랑을 선택하다

아비틴은 공주들을 알현한 날짜를 묻고자 파라를 태후르 왕에게 보냈다. 파라가 고하였다.

"폐하, 소인을 실망시키지 마시고, 제게 잘 대해 주시길 고대합니다."

왕이 대답하였다.

"그대의 바람대로 와도 좋노라. 우리는 그대를 보게 되어 기쁠 것이다. 허나 준비를 할 수 있도록 오기 일주일 전 연통을 넣어 주시게."

용맹한 자(아비틴)는 운이 따름을 깨닫고, 길일(吉日)을 택하여 태후르에게 연통을 보냈다.

"호르미즈드 일(日)이 길일이므로, 그때 찾아뵙도록 하겠습니다."

태후르 왕 또한 대신에게 국고를 열 것을 명하였다.

호르미즈드 일이 되자 아비틴은 그의 머리에 유자와 한 다발의 바질을 얹고 떠날 채비를 하였다. 아비틴은 오랫동안 아무도 기억하지 못한 진귀한 왕관을 썼다. 머리와 옷에는 향수를 뿌렸는데, 특히 머리에는 사향 향수를 뿌렸다.

이른 아침, 아비틴은 말을 타고 갔으며, 파라와 캄다드가 동행하였다. 아비틴이 곧장 성문으로 가자 태후르 왕이 그를 반겼다.

아비틴은 말에서 내려 의자에 앉았다. 아비틴은 운이 좋은 것 같았다. 태후르 왕은 아비틴의 손을 잡고 공주들의 처소로 데려갔다.

태후르는 발코니에 있는 늙은 여인을 불렀는데, 그 여인은 너무 늙어서 걸음도 제대로 걸을 수 없었다. 노파의 머리는 백발이었으며, 앞을 보지 못했지만 매우 노련하였다. 태후르 왕은 노파에게 아비틴을 소개하며 말했다.

"그대는 진실을 찾도록 도와야 하노라. 주의해서 과인이 명한 대로 하거라."

노파는 즉시 아비틴을 데리고 가서 두 처소를 보여 주었다.

두 처소는 낙원과 같이, 봄날의 꽃밭과 같이 아름다웠다. 두 처소에 스무 명의 공주님들이 앉아 있었으며, 그녀들은 해와 달도 부끄러울 만큼 아름다웠다. 공주님들은 보석과 화장품으로 치장하였고, 아름다운 얼굴로 세상을 빛나게 하였다.

아비틴은 처소를 떠나며 유모에게 말하였다.

"과인은 (내가 본 공주들 중) 아무도 선택하지 않겠소."

유모가 아비틴에게 아뢰었다.

"오, 전하, 좀 더 자세히 살펴보십시오. 공주님들은 이 나라 최고의 여인들이며, 태후르 왕께서 소중히 여기시는 분들이옵니다. 공주님들의 용모는 해와 달의 아름다움에 견줄 만하옵니다."

아비틴이 말하였다.

"그대 말이 맞소. 허나 전하께서는 과인에게 선택권을 주셨소. 다른 공주님들을 보여 준다면, 그 은혜 평생 잊지 않겠소."

유모가 대답하였다.

"다른 공주님들은 비천하며, 마치 전하의 노예들과 같사옵니다."

아비틴이 말하였다.

"자유롭게 둘러보라는 태후르 전하의 명을 듣지 못했는가?"

유모는 둘러댈 말이 없어 다른 처소로 가서 커튼을 열었다.

아비틴은 그 처소로 향했다. 그곳은 마치 중국의 누샤드(Nushad) 성과 같았다. 마치 조각가의 집과도 같았다. 하지만 공주들의 아름 다움에 비하면 보잘 것 없었다. 공주들의 자태는 태양과 목성보다 도 더 아름다운 별을 지닌 하늘과 같았다. 공주들은 키가 컸으며, 용모는 태양보다도 더 아름다웠다. 모든 공주가 매력적이고, 요염 하였으며, 어여뻤다. 공주들은 보석으로 꾸미지 않았으며, 화려한 옷을 입지도 않았다.

프라랑은 구석에 앉아 있었는데, 그녀의 아름다움으로 처소가 환하였다. 프라랑은 설탕과 꿀로 가득한 향나무와 같았다. 파도치 는 바다 위에 배를 끄는 뱃사공 같은 여인이었다. 프라랑은 어깨 와 귀를 가릴 정도로 머리가 길었고, 머릿결이 고왔으며, 아름다운 귀걸이를 하고 있었다. 또한 예쁘고 긴 정숙한 옷을 입고 있었다. 그녀의 존재만으로 처소가 환하였으니 마치 구름 속의 해와 달과 같았다.

아비틴은 프라랑을 보자 사랑에 빠졌다. 그녀의 아름다움에 빠 히 쳐다보았다. 아비틴은 주체할 수 없는 사랑으로 넋이 나갈 지 경이었다. 프라랑의 검고 아름다운 점은 아비틴의 넋을 잃게 하였 다. 아비틴은 비틀거렸으며, 두 발로 서 있을 수 없었다.

아비틴은 문을 지나 프라랑에게 황금 유자를 건넸다. 프라랑은 황금 유자를 받아 입 맞추고, 그녀의 옆에 놓았다. 유자는 그들의 마음이 닿았음을 의미하였다.

아비틴에 대한 프라랑의 상냥한 행동은 (원서내용 확인 불가)

용맹한 자(아비틴)는 행복하게 돌아왔다. 그리고 이 일로 바실라는 떠들썩하였다.

다른 공주들은 당혹스러워하며, 보석을 내동댕이쳤다. 아랍 말은 안장이 없어도 아랍 말이며, 고관 백작들은 칼날의 진가를 알아보는 법이다.

(원서 내용 확인 불가)

아비틴의 프라랑 간택을 태후르 왕이 포고하다

파라는 즉시 아비틴에게 갔다. 왕이 황급히 하문하였다.

"그가 간택한 공주가 누구요?"

파라가 아뢰었다.

"간택을 받으신 분, 왕비가 되실 분은 전하께서 말씀하시길 최고의 분이십니다. 간택된 공주님은 태양보다 더 아름답사옵니다. 전하께서는 늘 행복하실 것이며, 전하의 적들은 고통으로 가득할 것이옵니다."

아비틴은 파라에게 많은 것을 하사하였다.

반면 유모가 태후르 왕에게 다가갔을 때, 왕은 그녀의 행동에 몹시 화가 나 있었다. 태후르 왕이 그녀에게 하문하였다.

"아비틴이 내 딸 중 누구를 선택하였는가?"

유모가 대답하였다.

"오, 위대하신 전하! 그것은 선의였습니다. 신이 도우시는 분에게 술책은 통할 수가 없나이다. 사자(아비틴)가 양 떼(공주님들의 무리)에게 와서는 다른 공주님들 틈에서 오직 프라랑 공주님을 선택하였습니다. 소인은 프라랑 공주님을 아주 추하게 꾸몄습니다. 허나 신의 뜻은 달랐습니다."

태후르 왕이 유모를 노려보자 그녀는 떨기 시작했다. 안색이 마치 호로파처럼 변하였다.

"아비틴 왕께서는 갖가지 보석으로 장식된 유자를 프라랑 공주님께 건넸사온데, 그것은 빛나는 유자였사옵니다. 프라랑 공주님께서는 유자에 입을 맞추시고, 옆에 내려놓으셨습니다. 아비틴 왕께서는 행복해하며 돌아가셨나이다."

이 이야기를 들은 태후르 왕의 안색이 창백해졌다. 왕은 화가 나서 안절부절 못하였다. 태후르 왕이 말했다.

"설령 짐의 모든 자식들이 오늘 죽는다 해도, 아비틴이 프라랑을 선택했다는 이야기를 듣는 것보다 낫겠소."

태후르 왕은 궁으로 가서 옥좌에 앉았다. 그리고 너무 슬퍼서 눈물을 흘렸다. 태후르 왕은 삼 일 동안 먹지도, 자지도 않았다. 왕은 그 누구에게도 자신의 고통을 토로하지 못하였다. 태후르 왕은 그 누구도 들이지 않았고, 너무나 힘들고 괴로워하였다. 태후르 왕은 프라랑 공주에 대한 사랑으로, 그녀가 떠나가 다시는 돌아오지 않을까 걱정하였다.

파라는 이 소식을 전해 듣고, 즉시 왕실로 갔다. 그는 바닥에 입을 맞추고 아뢰었다.

"오, 천하의 왕이시여! 전하는 왕이시며, 출중하시며, 그 어느 선대 왕들보다도 현명하십니다. 어리석은 이의 행동은 전하께 가당치 않사옵니다. 모든 현명한 자들은 전하의 행동을 받아들이지 않을 것이옵니다. 전하께서는 잘못하신 게 없사온데, 어찌하여 자신을 고통으로 내몰고 괴롭히려 하시나이까? 전하, 정녕 신(神)의 뜻을 모르시겠사옵니까? 어찌하여 자신을 초조하게 만드시나이까? 어찌하여 전하께서 신보다 더 높다는 것을 보이려 하시나이까? 전하께서 신의 피조물이시라면, 어찌하여 신처럼 행동하려 하시나이까? 신께서 전하에게 주신 것에 만족하십시오. 평생 그렇게 행동하셔야 하옵니다. 이제 두 왕족이 결합하였으며, 두 집안의 거리는 좁혀졌사옵니다. 프라랑 공주님은 지금부터는 전하보다는 부마와 함께 있는 것이 더 좋을 것이옵니다. 아비틴 왕은 공주님을 다른 곳으로 데려가시지 않을 것이옵니다. 또한 세상 밖으로 나가지 않으실 것이옵니다. 전하께서 슬퍼하시든, 행복해하시든 운명은 정해져 있습니다. 아비틴 왕께서 모든 아름다운 공주님 중 프라랑 공주님을 선택하실 줄 누가 알았겠습니까? 오, 전하! 운명은 정해져 있사옵니다. 신의 뜻은 아무도 바꿀 수 없나이다."

파라는 왕에게 심심한 위로를 표하며 말을 마쳤다.

왕은 파라의 충언에 기뻐하였으며, 파라가 궁 밖으로 나가자 옥좌에 앉으셨다.

선물을 보내다

아비틴은 대신에게 보물 창고를 열라 명하였다. 그는 여태껏 그 누구도 본 적이 없는 수많은 선물을 준비하였다.

또한 삼 일간의 연회를 준비하였다.

그는 왕에게 엄청난 양의 보물을 선물했으며, 이를 보고 병사들은 놀라워하였다.

그는 왕에게 진귀한 왕관과 황금 옥좌를 보냈다. 로마와 페르시아산 옥좌, 수백, 수천 벌의 값비싼 옷을 보냈다. 열 마리의 말 위에 황금 바구니를 실어 보냈으며, 황금 바구니는 값진 보석과 진귀한 원석으로 가득하였다. 또한 루비와 보석 두 상자를 보냈다.

그가 보낸 것은 지금까지 그 누구도 본 적이 없는 선물이었다. 잠쉬드도 그만한 양의 보석을 지니지 못했으며, 그 누구도 그러한 선물을 본 적이 없었다.

아비틴은 또한 왕족과 귀족들에게도 선물을 보냈다. 프라랑의 모든 자매와 병사들에게도 많은 선물을 주었다. 백성들에게도 충분한 선물을 주었다.

바실라에서 아비틴의 선물을 받지 못한 젊은이는 없었다.

아비틴이 그의 연인과 결혼하다

4월이 되자 세상은 마치 낙원과 같이 꽃으로 가득하였다. 태후르의 정원은 다채로운 꽃들로 마치 공작의 깃털과 같았으며, 꽃들은 대나무와 하얀 기둥과 같이 뒤엉켜 있었다. 그것은 마치 고통스러운 이별 후에 다시 만난 한 쌍의 연인과 같았다. 나뭇가지에서는 예수가 십자가에 못 박혀서 들었을 듯한 꾀꼬리 소리가 들렸다. 꾀꼬리들이 꽃 위에서 노래하고, 세상은 꾀꼬리들의 노랫소리로 소란스러웠다. 꽃들은 꾀꼬리들의 노랫소리에 활짝 피어났다.

팬지는 만개한 꽃잎이 무거워 고개를 숙였다. 들판도 꽃들로 가득하였으며, 아브라함(Abraham)처럼 아름다웠다. 앵두나무는 목에

걸친 루비 목걸이처럼 푸른 관목을 휘감고 있었다. 마치 낙원에 봄이 오고, 가을이 지옥의 저편으로 사라진 듯하였다. 이는 세상에서 봄이 천국을, 가을이 지옥을 나타내기 때문이다.

푸른 풀과 시냇가에 흐르는 물로 인해 모든 사람들이 평온하였다. 새와 물고기 또한 짝짓기를 했으며, 연인들도 함께 즐겼다. 아비틴도 마음속으로 연인을 갈구하였다. 그의 마음속에서 불길이 활활 타올랐지만, 아무에게도 말하지 못하였다. 해가 떠오르면 어둠은 사라진다.

아비틴의 영혼은 사랑으로 충만하여 이성을 잃었다. 그는 태후르의 궁으로 가기로 결심했다. 남자가 사랑에 빠지면, 부끄러움과 체면을 모르는 법이다. 만약 그대가 사랑의 진정한 의미를 발견한다면, 연인에 눈이 멀어 지혜와 부끄러움을 멀리할 것이다. 마음속에 사랑이 꽃을 피우면, 잠을 이루지 못하여 지혜와 부끄러움이 사라진다.

위대한 왕 태후르는 고관 백작들을 불렀다. 태후르와 아비틴은 예법에 따라 결혼을 공표하였다. 태후르는 아비틴의 손을 잡고 프라랑의 처소로 데려갔다. 그리고 아비틴의 손에 프라랑의 손을 쥐여 주었다. 아비틴의 얼굴은 사랑으로 창백해졌다. 아비틴은 들판의 꽃보다 더 아름다운 프라랑의 손에 부드럽게 입을 맞추었다

태후르와 아비틴은 궁으로 다시 돌아왔고, 모든 고관 백작들이

환영하였다. 그들은 연회를 베풀어 즐거운 시간을 보냈으며, 고관 백작들은 아비틴의 발에 돈을 던졌다. 그들은 왕실이 가득 차도록 많은 금과 보석을 쏟아부었다.

사람들은 사향과 용연향으로 가득한 궁전을 거닐었다. 바실라의 모든 백성들이 잔치를 벌였으며, 모든 길을 아름다운 커튼으로 장식하였다.

프라랑의 의자는 사프란으로 뒤덮였다.

무희들이 노래를 하고 악사들이 풍악을 울렸는데, 그 소리가 너무나 커서 하늘이 찢어질 듯하였다.

온 나라가 풍악 소리로 떠들썩했으며, 산은 꽃으로 가득하였다. 꽃이 바람에 날리는 모습은 마치 프라랑 공주에게 몸을 바치는 듯하였다. 풍악 소리가 너무도 높아 비너스(Venus)도 땅으로 내려와 연회에 참석하고 싶어 할 정도였다. 지붕 옥상에서도 수많은 잔치가 열렸다. 도시는 많은 사람들로 북적거렸으며, 마치 전쟁을 치를 때처럼 시끌벅적하였다. 또한 풍악 소리가 너무도 매혹적이어서 물고기들이 물 밖으로 머리를 내밀 정도였다.

바실라의 여인들은 향나무와 같이 원을 그리며, 춤을 추었다. 골목마다 아름다운 여인이 보였으며, 가는 길마다 멋진 여인들이 있었다.

그들은 한 달 동안 잔치를 벌였으며, 떠들썩한 소리에 아이들 또한 잠을 잘 수가 없었다. 나라 안의 모든 사람들이 혼인 잔치 음식을 먹었다. 바실라에 소와 양이 부족하여 말까지 고기로 사용하였다. 그래서 한 달도 되기 전에 먹을 것이 동날 정도였다.

아비틴이 프라랑에게 갔다. 마치 천상의 선녀를 본 듯했다. 프라랑의 얼굴은 아름다웠으며, 그녀의 영혼은 순결했다. 그녀는 공작의 깃털과 같은 옷을 입고 있었으며, 아름다운 눈은 산호와 같았다. 프라랑의 키는 천장에 닿았으며, 그녀의 체구는 옥좌에 그득하였다. 프라랑의 아름다움으로 인해 궁은 마치 낙원과 같았으며, 그녀의 교태는 모든 이들을 녹였다.

프라랑은 사향과 용연향을 머리에 뿌리고, 아름다운 비녀로 머리를 장식하였다. 그녀는 옷 속에 자신의 머리카락을 넣었으며, 그녀의 옷은 카유마르스(Kayumars)*의 보물처럼 화려했다.

아비틴은 프라랑을 보물 속에 빠뜨렸다. 그들은 아침이 올 때까지 사랑을 나누었으며, 프라랑은 처녀성을 잃었다. 아비틴은 예전보다 더 열렬히 그녀를 사랑하였다. 아비틴은 한 달 동안 사냥을 가지 않았다. 아비틴은 잠시도 그녀를 떠나지 않았으며, 프라랑의 얼굴 외에는 아무것도 보지 않았다. 프라랑과 행복한 나머지 태후

* 페르시아의 대표적 서사시이자 쿠쉬나메의 원류인 샤나메에서 최초의 인간이자 최초의 왕으로 등장하는 신화적인 인물.

르 왕에게 문안인사조차 가지 않았다.

바실라의 왕은 화가 나서 파라를 불렀다. 태후르 왕은 아비틴의 불충에 관해 파라에게 말하였다.

"내게 무슨 일이 일어났는지 보라. 우리의 관계는 프라랑과 아비틴 둘 다에게 아무런 의미가 없소. 짐은 그 둘을 잃었소. 그대가 짐에게 그렇게 하라고 조언했소이다."

파라는 즉시 아비틴을 알현하러 가서 고하였다.

"오 세상의 왕이시여, 왕께서 아직 문후를 여쭙지 않아 태후르 전께서 몹시 화가 나셨나이다. 태후르 전하께 문후를 여쭙지 않은 지가 벌써 40일이 지났습니다. 이틀에 한 번 전하께 문후를 드리면 무슨 문제가 있겠나이까? 꽃을 취하길 원하는 자는 결코 버드나무를 잃어서는 아니 되는 법입니다. 전하의 소원이 이루어지셔서 행복하시다면, 처소에만 계시는 것은 좋은 생각이 아니옵니다. 신이 세상을 창조하셨을 때에는 낮과 밤의 법칙이 있습니다. 낮은 한 잔의 술과 용맹함으로 보내야 하고, 밤은 사랑을 하기에 좋습니다. 태후르 왕께서는 어찌하여 전하께서 신라 왕을 떠나셨는지 여쭤 보라 하셨나이다. 프라랑 공주께서 문후를 여쭙지 않는 것은 큰 문제가 되지 않나이다. 하오나 전하는 다르옵니다."

전갈을 들은 아비틴은 부끄러워하며 처소로 가서 태후르 왕이 보낸 전갈에 대해 프라랑에게 말하였다. 그러자 프라랑이 말하였다.

"오, 고귀한 왕이시여, 부디 태후르 왕의 노여움으로부터 무사하소서. 태후르 전하를 위로하시옵소서. 설령 치욕스럽더라도 폐하를 찾아뵙는 것이 우선입니다. 폴로 경기장, 전쟁터, 연회장에서 태후르 전하와 함께 시간을 보내십시오. 우리는 밤에 함께 할 수 있을 것이옵니다. 낮과 밤을 구분해야 하옵니다."

아비틴이 프라랑에게 말하였다.

"오, 달의 얼굴을 가진 여인이여, 그대가 짐으로부터 멀어지려 하니 그대의 사랑이 식은 것 같구려. 짐에게 오는 것이 좋지 않은 것 같소이다."

프라랑이 대답하였다.

"전하를 보고 싶어 하지 않다니 당치도 않사옵니다. 전하를 좋아하지 않는 사람은 이 세상에 없을 것이옵니다. 허나 전하는 현명하고 총명하시니 잘못을 저지르는 일은 없을 것이옵니다. 고관백작들이 뭐라 말하겠습니까? 실상 그들은 소첩을 탓할 것이옵니다. 그들은 아비틴은 현명하나 프라랑이 그를 다른 이들로부터 멀어지게 만들었다고 얘기할 것이옵니다. 현명한 사람은 항상 앞을 내다볼 줄 알며, 아무도 그의 험담을 하지 않사옵니다."

아비틴은 프라랑의 말이 옳다고 생각하였다. 그녀는 오르지 아비틴의 명예만을 염려하였다.

아침에 아비틴은 태후르를 찾아뵙고, 만조백관(滿朝百官)이 지켜보는 가운데 사죄하였다.

사람이 실수를 저질러 사과를 하면 설령 거짓일지라도 받아주어야 한다. 사과가 받아들여지지 않는다면 그 사람은 악행을 저질러 복수하려 할 것이다. 그리 되면 인간의 적대감이 드러날지니 누가 적의(敵意)로부터 안전하겠는가?

그들은 하프와 악기 소리를 즐기며 하루를 보냈다. 밤이 되자 아비틴은 프라랑에게 돌아갔다.

그들은 또한 폴로와 사냥, 기타 여흥을 즐길 만한 행사를 도모하였다. 어떤 날은 아비틴이 태후르 왕에게 갔으며, 때로는 태후르 왕이 아비틴을 찾아왔다. 이렇게 몇 년이 흘렀으며, 아무런 문제도 일어나지 않았다.

한편 자하크는 팔순이 되었으며, 그의 치세는 잔인함과 부당함으로 얼룩졌다.

(원서 내용 확인 불가)

아비틴이 꿈을 꾸다

밤이 되자 아비틴은 행복하게 잠이 들었다. 아비틴은 꿈을 꾸었는데, 꿈에 쿠쉬에게 살해당한 그의 아들 소바르가 찾아왔다. 그리고 아비틴에게 마른 나뭇가지를 주었는데, 그 나뭇가지에서 새싹이 나고 향기가 났다. 아비틴은 그것을 산에 심었다. 나뭇가지는 수많은 나뭇가지를 가진 튼튼한 나무가 되어 커다란 그늘을 드리웠다. 나무는 높이 자라서 하늘에 닿았고, 드디어 하늘을 뚫고 올라갔다. 그리하여 온 세상은 그 커다란 초록색 나무의 그림자 아래에 놓이게 되었다. 그때 시원한 산들바람이 불어와 나뭇잎이 이리저리 날렸다. 나뭇잎들이 세상으로 흩어져 온 천지의 산과 들이 나뭇잎으로 풍성하였다. 모든 이들이 빛으로 행복하였으며, 비탄과 슬픔이 끝났다고 말하였다.

아비틴은 아침에 일어나자마자 캄다드를 불렀다. 아비틴이 지난밤 꾼 꿈에 대해 은밀히 이야기하자 캄다드가 고하였다.

"오, 왕이시여, 행복해하소서. 신(神)의 은총이 전하와 함께 하시나이다. 신(神)은 전하께 이 세상이 더 이상 사악한 흑주술사를 원치 않는다고 알려 주셨습니다. 자하크의 머리와 왕관은 가까운 장래에 모래 위로 떨어질 것이옵니다. 이 세상의 뜻은 전하의 아드님의 손에 달려 있사옵니다. 전하의 모든 가족과 친지들이 행복해질 것이옵니다. 엘리시움(Elysium)* 기병이 전하께 마른 나뭇가지를 건넸으며, 사향보다 더 향기로운 뭔가를 주었습니다. 이는 소

---

* 그리스 신화에서 축복받은 사람들이 죽은 후에 사는 낙원.

바르 왕자님께서 장래 위대한 왕이 될 형제를 갖게 될 것을 뜻하옵니다. 마른 나뭇가지가 전하의 손에서 초록으로 변한 것은 전하의 영광이 다시 되돌아 올 것을 뜻하옵니다. 그리고 전하께서 그 나뭇가지를 산에 심으신 것은 전하의 영광이 커질 것을 뜻하옵니다. 또한 그 나뭇가지의 그림자가 흩어진 것은 온 천하가 전하의 통치 아래 놓일 것을 뜻하옵니다. 나뭇잎들이 온 들과 산으로 등불과 같이 흩어진 것은 모든 정의로운 왕들이 전하와 함께할 것이며, 전하와 기꺼이 동참할 것을 나타내옵니다. 일곱 왕국이 제자리를 찾을 것이오며, 이 세상에 평온함을 가져다 줄 것이옵니다."

아비틴은 캄다드의 해몽을 듣고 손뼉을 쳤다. 그리고 그에게 말했다.

"내 꿈을 비밀로 하고, 누구에게도 말하지 마시오."

아비틴은 캄다드에게 말과 디나르 등의 선물 외에 다른 선물도 하사하였다. 몇 년이 흐르자 많은 일들이 일어났다.

아비틴과 태후르, 늙은 뱃사공의 대화

다음 날, 아비틴은 태후르 왕의 접대를 받았으며, 왕은 아비틴을 극찬하였다. 아비틴이 아뢰었다.

"오, 위대하신 전하! 소인은 전하와 함께 하고 싶사옵니다. 하오나 소인의 운명을 바꿔 놓을 시간의 부침이 두렵습니다. 우리는 영원을 깨달을 수 없는 존재로, 이 세상이 부패한 자의 수중에 들어갈지도 모를 일입니다. 그리되면 왕실의 이름은 완전히 지워질 것이오며, 돌아가신 선조들의 위대함은 이름으로만 남게 될 것입니다."

아비틴은 신라 왕에게 계속해서 고하였다.

"어찌하여 소인이 그런 위험한 길을 무릅쓰고 되돌아가야 하나이까? 이곳은 소인에게 안전하고 풍요롭습니다. 밤낮으로 행복하게 술잔을 기울이며 보냈나이다. 소인은 폐하의 그늘 밑에 있사오며, 모든 이는 소인에게 친절함과 공손함을 표했나이다."

아비틴은 이러한 미사여구로 사과를 대신하였으나 태후르에게 사과의 말이 귀에 들어올 리가 없었다. 태후르가 아비틴에게 말하였다.

"오! 뜻을 이루려는 자여, (당신을 붙잡을) 기회가 이토록 빨리 내게서 멀어지는구려. 짐이 살아 있는 한 그대와 함께 있고 싶으며, 그대와 결코 헤어지고 싶지 않소. 지금까지 그 어떤 과학자도 인간이 얼마나 오래 살 수 있는지 밝히지 못했소. 그대는 짐에게 모든 것을 설명해 주었소. 짐은 더 이상 할 말이 없구려. 그래도 돌아가야 한다면 조심하고 또 조심하시오. 그대의 정맥에게도 들키지 않을 정도로……."

그리곤 태후르 왕은 한 늙은 뱃사공을 불렀다. 그는 너무 늙고 약해서 뼈가 앙상하고, 마른 지푸라기처럼 보였으며, 허리는 굽어 있었다. 뱃사공은 손과 머리를 떨고 있었고, 살날이 얼마 남지 않은 듯했다. 뱃사공은 걸을 힘조차 없어 보였고, 손에는 근력이 남아 있지 않았다. 그는 나이 탓에 서 있을 수조차 없었다.

태후르가 아비틴에게 노인을 소개하자 노인이 먼저 그들에게 경의를 표했다. 태후르 왕은 노인을 극찬하며 말했다.

"오, 등이 굽은 노인이여, 그대는 최고의 뱃사공이오. 지금 그대에게 힘든 일을 맡기려 하오. 여기 이란인들이 있소. 그들은 우리의 친지이며, 우리가 존경하는 사람들이오. 그들은 이란으로 돌아가고 싶어 하오. 허나 카프 산(Qaf Mountain)을 지나는 것은 너무나 먼 길이오. 또한 수많은 적군 때문에 중국 땅을 통과할 수도 없소. 카프 산으로 향하는 뱃길이 그대에게 힘들지 않다면, 이에 대한 대가로 재물을 얻을 것이오. 일이 성사된 후 재물을 더 줄 것이오. 만약 그대가 이란인들을 카프 산 근처로 데려다 준다면, 그대의 지위를 높여 주겠소. 짐이 그대에게 수군 장수 자리를 줄 것이오. 그리하면 부와 명예가 있을 것이오."

경험 많은 노인이 띄엄띄엄 말하며 대답하였다.

"오, 전하! 소신은 300년을 넘게 살아 몸에 흐르고 있는 피가 없나이다. 소신의 능력과 지식은 사그라졌습니다. 어찌 소신이 그 길을 지날 수 있겠나이까? 지식이 있는 자는 무사히 지날 것이나, 지식이 미천한 자는 길을 잃을 것이옵니다. 오, 왕이시여! 이 세상에서 늙고 쇠약한 것보다 더 나쁜 것은 없사옵니다. 소신은 늙고 쇠약함에 고통받고 있습니다. 소신은 걸을 힘도 없으며, 움직일 힘도 없나이다. 수중에 돈도 없사옵니다. 소신의 딸 넷이 혼기에 들어섰으며, 외모가 매우 출중하옵니다. 오, 현명하신 전하! 가난 때문에 아무도 제 여식과 결혼하지 않을 것이옵니다. 전하께서 소신의 근심거리를 해결해 주신다면, 소신의 쇠약함을 해결할 방도를 찾겠나이다. 소신의 딸들을 위한 지참금을 마련해 주십시오. 그리하오면 소신은 바다도 죽음도 두렵지 않을 것이옵니다. 소신은 매서운 바다에 가는 것이 두렵지 않을 것입니다. 소신은 젊은이와 같이 노를 저어 나가겠나이다. 딸들의 슬픔과 배고픔은 사람을 비참하게 만듭니다. 그 길을 가 보지 않은 것이 100년이 넘었습니다. 하오나 전능하신 신의 은총으로, 용맹하고 용감한 전하의 은덕으로, 소신은 이란인들을 그 땅에 데려갈 것이며, 캄캄한 바다를 안전하게 건널 것이옵니다.”

태후르는 웃으며 말하였다.

“이 사람아! 늙은 나이에 그런 위험을 감수할 사람은 없을 것이네.”

태후르는 노인에게 일어서라 말하고, 딸들의 문제를 해결해 줄 터이니 염려 말라고 말하였다.

태후르 왕은 대신에게 즉시 딸들의 지참금을 준비하라 명하였다. 노인에게 재물을 하사하자, 많은 이들이 노인의 딸들과 결혼하고 싶어 하였다. 노인의 딸들은 모두 고관들과 결혼하였다. 구혼자들이 너무나 많았기에 노인에게 딸이 더 있었더라도 모두 결혼하였을 것이다. 늙은 뱃사공은 걱정이 없이 부유해졌으므로, 근심은 사라지고 힘을 가진 자가 되었다. 재물이 모든 문제의 해결책이며, 재물이 모든 문제를 해결할 것이다.

아비틴은 출발하기 위해 성과 같이 거대한 배 네 척을 준비하였다. 세 척까지는 식료품만 실었으며, 네 번째 배에는 보석과 재물을 실었다. 아비틴은 여행 물품을 모아 떠날 채비를 하였다. 그는 모든 물품을 해안으로 보냈다.

아비틴은 남은 것 전부를 태후르 왕에게 주었으며, 다정함을 표했다.

해로를 통한 아비틴의 귀환

아비틴이 바실라를 출발하자, 모든 백성들이 눈물을 흘렸다. 젊은이들은 (아비틴과의 이별에) 매우 슬퍼하며 우울해했고, 여인들은 프라랑과의 이별에 눈물을 흘렸다. 백성들은 울면서 마을에서 (배웅을) 나왔다. 행렬로 인해 먼지가 하늘보다 더 높게 일었다.

프라랑의 모든 자매들과 여인들은 자신들의 머리를 때리며 울었다. 고귀한 태후르 왕과 그의 혈족 모두는 봄날의 구름처럼 울면서 해안가로 달려왔다. 그들은 프라랑과 아비틴에 대한 그리움으로 눈물을 흘렸다. 허나 그 누가 태후르 왕보다 더 많은 눈물을 흘리리오.

태후르는 아비틴과 프라랑을 포옹하고, 입 맞추며 격렬히 흐느꼈다. 태후르 왕이 말했다.

"신(神)에게 그대들을 맡기오. 부디 무사히 돌아가길 바라오."

아비틴은 왕을 존경했으며, 프라랑은 존경의 표시로 땅에 입을 맞추었다.

그들은 배를 출발시켰고, 왕은 돌아갔다. 이와 동시에 상쾌한 바람이 불기 시작하였다. 노련한 뱃사공들은 닻을 올리고 바람의 속도로 배를 출발시켰다. 일주일이 지나자 그들은 바실라에서 멀어졌다.

그들은 계속해서 항해하였고, 신(神)이 도와 바람이 매일 불어왔다. 바람이 불건 불지 않건, 신의 보호를 받는 사람은 어떤 어려움도 겪지 않는다.

뱃사공은 다섯 달 동안 노를 저었다. 그는 쉬지도 않았으며, 길을 잃지도 않았다. 왼쪽으로 카프 산이 나타났다. 그 산은 마치 하늘에 닿을 듯 우뚝 솟아 있었다. 그 산을 지나는 데 넉 달이 걸렸다. 그리하여 열 달이 흘렀다.

그들은 야주즈* 산(Yajuj Mountain) 부근에 가까워졌다. 그 산은 거대했으며, 사람의 그림자도 볼 수 없었다. 야주즈 산의 꼭대기에는 많은 산짐승들이 있었으며, 배를 보자 울부짖었다. 산짐승들의 울부짖음이 마치 봄날 숲 속에 바람 소리가 들리듯이 산과 바다에 메아리쳤다.

아비틴은 뱃사공에게 이것이 무슨 소리인지, 야주즈 산에는 어떠한 짐승들이 사는지 물어보았다. 늙은 뱃사공이 대답하였다.

"우리는 가능한 한 빨리 야주즈 땅 너머로 벗어나야 하옵니다. 야주즈 산과 들판은 짐승들의 소굴이옵니다. 가능한 한 빨리 이 땅을 지나가야 하옵니다. 저들은 신이 창조한 짐승들 가운데 가장 끔찍한 것들이옵니다. 만약 저 짐승들 앞에 바다가 없었다면, 그것들이 잡아먹을 물고기가 없었다면, 짐승들은 세상을 물어뜯었을 것입니다. 그 상처가 얼마나 깊을지 아무도 말할 수 없을 것이

---

* 야주즈는 마주즈(Majuj)와 같이 꾸란의 이슬람 종말론에서 성경의 곡과 마곡에 대응하는 두 개의 적대적인 세력으로, 세상의 종말 전에 지구를 파괴할 세력을 의미한다.

옵니다. 그 짐승들은 아마도 하루 만에 온 세상을 파괴하였을 것
이옵니다. 그것들은 위험하고 치명적인 짐승들입니다. 그것들은
인간보다 천 배나 더 강하며, 자비나 연민 따위의 감정은 없사옵
니다. 신(神)은 일곱 대륙 중 가장 큰 땅을 짐승들에게 주었습니다.
이 짐승들은 바다와 카프 산에서 먹이를 구합니다. 오, 왕이시여,
이곳의 이야기는 과장이 아닙니다."

뱃사공은 이렇게 말하고 빠르게 노를 저어 갔다. 두 달이 더 지
났다. 모든 산과 들판은 이 짐승들의 천지였으며, 그 소리는 하늘
보다 더 높았다. 이란인들은 짐승무리들을 지나쳤다. 석 달이 지난
후, 그들은 바다로 접어들었다.

이처럼 광활한 바다를 지닌 세상이 얼마나 넓은지 나는 알지 못
한다. 만약 그대가 이에 대해 묻는다면, 이 바다는 일곱 개의 바다
중 하나에 불과하므로 아무것도 아니다.

아비틴은 바다에서 놀라운 광경을 수없이 목격했다. 때로는 꿈
속에서 목격했더라도 울부짖었을 정도로 놀라웠다.

아비틴이 메마른 땅에 도착하다

이란인들은 산이 두 갈래로 갈라진 곳에 다다를 때까지 앞으로

나아갔다. 그 땅에 다다르자 광활한 대지가 보였다. 아비틴은 도시와 대지, 평원을 보자 땅에 얼굴을 대고, 신에게 정성껏 기도를 올렸다. 아비틴이 말하였다.

"오, 태양보다 위대하신 신이시여, 당신은 흙과 물의 창조자이십니다. 바다와 바람은 오직 당신의 명령만을 따르며, 오직 당신만이 그러한 것들을 창조하실 수 있습니다. 지금 바다를 건너 이 산에 무사히 도착하였기에 신에게 감사드립니다."

아비틴은 가난한 자들에게 넉넉히 자비를 베풀었으며, 늙은 뱃사공과 뱃사람들에게 많은 선물을 하사하였으며, 또한 바실라로 되돌아가야 하는 뱃사공들에게 여정에서 남은 식량을 건네 주었다.

또한 아비틴은 태후르 왕에게 서신을 썼다. 그는 위험한 여정을 무사히 지나왔다고 알렸다. 그들은 바다를 건너 육지에 안전하게 도착했으며, 바닷바람 외에는 더 이상 필요한 것이 없을 정도로 바실라 뱃사공들의 항해에 흡족하였다고 전하였다.

고귀하신 폐하의 도움으로 소인의 소원이 이루어졌습니다.
폐하의 성은으로 이란 왕이 되고자 하는 소인의 또 다른
소원도 이루어지길 바라옵니다.

아비틴은 뱃사공들이 떠나는 것을 보고 해안으로 돌아왔다.

아비틴이 초원에 천막을 치니 마치 천국과 같았다. 초원에는 푸른 잔디가 깔려 있었으며, 사방에는 강물이 흘렀다. 이곳은 왕이 머무르기에 손색이 없는 곳이었다. 봄이 와서 사냥감들이 풍부했으며, 들판은 마치 정원과 같았다. 그곳은 다양한 식물들이 자라는 기름진 땅이었다. 그리하여 왕은 그곳에서 넉 달간 머물렀다.

도시 근교에서 백성들이 왕을 찾아뵙기 위해 몰려왔으며, 그들은 아비틴을 매우 존경하였다. 왕은 그를 찾아온 모든 이들을 환영하고 높은 존경과 예우를 표했다. 백성들 또한 기뻐하였다.

아비틴은 전투에 능하고 지략이 뛰어난 50명의 장정을 산으로 보냈다. 기습 공격을 피하기 위해 아무도 이 작전에 대해 알지 못하게 하였다.

또한 용감하고 명석한 정탐꾼 세 명을 산의 반대편으로 보냈다. 영광스러운 왕이 지나갈 귀환의 길을 살펴보기 위하여 정탐꾼들은 카프 산으로 즉시 떠났다. 마치 꾀꼬리가 꽃을 찾아 달려들듯이, 정탐꾼들은 힘겹게 산을 지나 평원에 도달하였다. 정탐꾼들은 두려움과 걱정에 떨며 계속해서 나아갔다. 그들은 산과 평원, 다른 수많은 지역을 지나갔다.

정탐꾼들이 여정을 떠난 뒤로 한 달이 지났다. 그들은 불가르 국경이라 불리는 장소에 다다랐다. 그곳은 소크랍과 이웃한 곳이다. 평원은 푸르렀으며, 강물이 넘쳐 났다. 정탐꾼들은 불가르 국경을 한 달 동안 행군하며, 수많은 도시와 산, 평원을 염탐하였다. 정탐꾼들은 바다에 도달할 때까지 계속해서 걸었다. 마침내 더 이상 행군을 할 수 없는 막다른 곳에 다다랐다. 정탐꾼들은 그들이 정착할 장소에 도착하여 그 해안을 다만단(Damandan)이라 불렀다.

정탐꾼들은 즉시 아비틴에게 돌아와 이 모든 소식을 고하였다.

프라랑의 임신과 페리둔*의 탄생

아비틴은 그의 부인 프라랑에게 곧바로 가서 그 이야기를 알렸다. 그들은 함께 밤을 지새우며 사랑을 했다. 프라랑은 머지않아 임신을 하게 되었으며, 왕은 이 소식을 듣고 기뻐하였다. 그리하여 아비틴은 프라랑을 혼자 두지 않았으며, 마음으로 늘 그녀와 함께했다. 이는 마치 밭의 씨앗과 같으니, 밭을 잘 갈아야 하기 때문이다.

아홉 달 뒤, 잘 자라난 씨앗이 그들에게 나타났다. 아비틴은 가난한 백성들에게 잔치를 베풀어 음식을 나누어 주었다. 프라랑은

✱ 쿠쉬나메에서 아비틴의 아들은 파리둔(Faridun), 페리둔(Fereydun) 두 가지 이름으로 쓰여 있으나, 이하 문체의 통일을 위해 페리둔으로 표기한다.

순산하였고, 갓 태어난 아들은 달과 같았다. 그 달이 왕국과 조정을 다스릴 것이다.

왕자의 영광으로 궁궐은 물론, 심지어 산과 돌조차도 밝게 빛났다. 왕자는 건장하게 태어났다. 한 살에 그의 얼굴은 흰 눈과 같았으며, 핏빛과 같이 붉었다.

시종들은 환희에 차서 기쁜 소식을 아비틴에게 전했다. 왕은 식음을 전폐하며, 그의 아들을 장래 훌륭하게 키울 방도에 대해 고심하였다. 또한 좋은 소식을 듣자마자 아비틴은 아들의 빛나는 영광을 발견하였다.

그는 자신의 아들이 조화를 이룬 황도십이궁의 사자자리에서 태어났음을 알았다. 토성이 그의 적들의 수호성(守護星)이므로, 아비틴은 왕자가 적들로부터 안전할 것이라는 것을 알았다. 저녁별이 떠오를 때의 금성은 불길한 징조 없이 그의 아들의 부를 상징하였다. 희망을 뜻하는 목성은 장래 왕자의 만사형통(萬事亨通)을 나타내었다. 왕자의 황도십이궁에 위치한 화성은 그가 모든 적들을 무찌를 것을 암시하였다.

아비틴은 왕자의 황도십이궁 별자리에 흡족해하였으며, 함께한 왕들이 (그의) 상서로운 운명에 기뻐하였다. 아비틴은 별자리에 숨겨진 비밀을 풀기 위해 아들의 미래를 읽었다.

아들의 운명을 다 읽은 후, 고귀한 왕은 근심하였다. 그는 혼잣

말로 "왕자가 다른 세상으로 떠나야만 한다."라고 읊조렸다. 아비틴은 왕자가 떠나야만 그의 이름을 만세에 남길 것이라 믿었다. 또한 그는 왕자가 이 세상의 사악한 족속들을 소탕하여 세상에 그의 영광을 남길 것이라 여겼다.

아비틴은 아기(왕자)를 매우 행복해하며 바라보았다. 아기의 뺨은 태양과 같이 빛났다. 아비틴은 잠쉬드의 영광을 아들의 얼굴에서 보았다. 그는 미소 지으며 말하였다.

"세상이 왕자로 인해 행복할 것이다."

그는 아들의 이름을 페리둔(Feridun)이라 지었고, 모든 이들이 페리둔을 만나 행복해하였다.

그날 아비틴은 이란에서 온 정갈하고 고귀한 두 여인을 불렀다. 페리둔은 3년 동안 이 두 여인들에 의해 양육되었으며, 튼튼한 네 살배기 아이로 자라났다.

어느 날, 행복하게 잠이 들었던 아비틴이 갑자기 두려움에 깨어났다. 그는 캄다드 대신을 불러 그에게 주의 깊게 들으라고 명하였다.

아비틴의 꿈

아비틴이 말하였다.

"오늘 꿈에서 나는 정원과 물, 훌륭한 장소를 보았소. 나는 형형색색의 왕관을 쓰고, 왕과 같이 중앙에 앉아 있었다네. 세상은 왕관으로 인해 빛나는 듯했으며, 세상은 내 머리 아래에 있었지. 허나 갑자기 잠쉬드 왕께서 말을 타고 하늘에서 나타나셨소. 그는 그 정원에 내리시어 나의 왕관을 바라보신 뒤 나에게 훌륭한 장소를 보여 주셨소. 그곳에는 악의 그림자조차 없었다네. 그는 '나의 뒤에 타라' 하고 명하셨고, 우리는 말을 타고 출발하였소. 말을 타고 앞으로 나아가자 말이 하늘로 날아올랐소. 허나 곧 나는 세상에서 사라졌다네. 그대는 이 꿈을 어떻게 풀이하겠소?"

캄다드는 침묵하며 땅만 쳐다보았다. 아비틴이 그에게 말하였다.

"선량한 이여! 나의 꿈으로 심란한가? 혹 나의 꿈이 아들과 연관이 있겠나? 나는 그대가 침묵하거나 슬퍼하지 말고, 꿈 풀이를 해 주길 바라오. 어서 나의 꿈 풀이를 소상히 해 주시오."

대신이 말하였다.

"오 왕이시여! 이 꿈에 대해 심려하지 마십시오. 이 세상에 태어난 사람은 그 누구도 영원히 살기를 바랄 수 없습니다. 이 세상에 태어난 사람은 결국 저세상으로 가야 합니다. 왕이든 백성이든, 모든 사람들은 결국 저세상으로 가야 하는 법입니다. 전하께서 꿈에서 보신 정원은 온갖 고난으로 가득한 이 세상을 의미합니다. 정원에서와 같이 사람들은 또한 기쁨과 슬픔을 겪을 것입니다. 천마를 타고 하늘에서 나타난 잠쉬드께서 전하의 왕관을 빼앗고, 한 잔의 와인을 주는 것은 페리둔이 기쁨을 주는 지혜로운 왕임을 뜻합니다. 사실 잠쉬드는 그의 모든 지혜와 왕위, 왕국을 페리둔에게 주셨습니다. 신(神)이 왕좌에 앉아 계시는 잠쉬드를 보내셨습니다. 그리고 신은 그의 왕관을 다른 곳으로 옮길 것을 명하셨습니다. 이는 그가 페리둔을 숲 밖으로 보내길 바라신다는 뜻입니다. 안전하며 사악한 것들이 없는 곳으로 말입니다. 꿈은 왕께서 신의 계시에 따라 용감한 아드님을 다른 곳으로 보내실 것을 권하고 있습니다. 지혜로운 통치자, 현명하고 친절한 조력자들이 있는 곳으로 말입니다. 만약 우리들이 이 계시를 따른다면, 신(神) 또한 그를 도울 것입니다. 우리들 모두는 죽어서 한 줌의 흙으로 돌아갈 터인데, 어이하여 아직도 자하크를 두려워해야 합니까? 하오나 훌륭한 아들을 둔 왕은 결코 죽지 않습니다."

아비틴은 꿈 풀이를 들은 후에도 페리둔에 대한 걱정으로 정처 없이 숲을 떠돌았다.

쿠쉬가 자하크에게 아비틴이 이란으로 떠났음을 알리다

(쿠쉬) 필단단(Pil-Dandan)의 가슴은 고통과 괴로움으로 가득하였다. 그는 즉시 자하크의 마법사에게 서신을 썼다.

버릇없는 아비틴이 바실라 산에서 중국을 거치지 않고 도망쳤습니다. 아비틴은 카프 산으로 가서 불가르(Bulghar)와 소크랍을 거쳐 도주하였습니다. 그는 태양보다도 더 아름다운 태후르의 딸과 함께 있습니다. 그 버릇없는 아비틴과 누가 동행하였는지는 확실치 않습니다. 일곱 왕국에 그녀와 같이 뛰어난 미인은 없습니다. 그렇게 아름다운 소녀가 아비틴과 동행하여 유감스럽습니다.
그리하여 그들을 설득하고자 사람을 보냈습니다. 또한 해안 지역에도 많은 사람들을 보냈습니다. 그는 해안에 진영을 치고 지내고 있습니다.

서신이 자하크의 마법사에게 당도하자 그는 광분하며 화를 냈다. 자하크의 마법사는 불가르와 소크랍, 로마 국경을 비롯해 가능한 한 모든 곳에 서신을 보냈다. 그리고 아비틴을 발견할 만한 모든 산과 바다를 조사하였다.

자하크의 마법사는 알함브라(홍해)의 바다로 군대를 파견하였다. 그러나 아비틴은 이미 해안 국경을 막 통과한 후였다.

아비틴이 암살당하다

어느 날, 아비틴 왕이 많은 용맹한 병사들을 데리고 숲 밖으로 나왔을 때, 그들은 한 군대와 마주쳤다. 곧 전쟁이 일어났다. 전면전이 벌어졌고, 양 진영에서 너무도 많은 병사들이 죽었다.

아비틴은 남자답게 용맹하게 싸웠다. 그러나 한 사람의 수명이 다했을 때 남성다움은 통하지 않는 법이다. 그 용맹한 남자는 이 전투에서 전사하였다. 행운이 그 이란인에게서 떠난 것이다. 그의 잘 생긴 두 아들 또한 이 전투에서 죽었다. 세 남자는 참수당하였으며, 그들의 수급은 자하크의 조정으로 보내졌다. 자하크는 아비틴의 뇌를 꺼낼 것을 명하였다. 그리고 그는 그것을 뱀에게 먹이로 주었다.

이것은 프라랑의 비극이었다. 그녀는 많은 이란인들과 함께 도주하였다. 페리둔은 스무 살이 될 때까지 이 사실을 알지 못했다.

이후 쿠쉬나메의 서술자는 자하크의 조정으로 돌아온 쿠쉬가 백성들을 핍박한 만행에 대해 이야기를 계속한다.

쿠쉬는 백성의 재산을 강제로 빼앗았으며, 귀족들을 처단하였다. 여인들을 강간하였고, 그 여인들의 자식들을 노예로 만들었다. 그리하여 그 누구의 재산도 안전하지 못하였으며, 여인들과 아이들도 안전하지 못하였다. 그의 폭력은 도를 넘었으며, 이에 백성 몇 명이 비밀리에 자하크의 조정으로 들어가 쿠쉬의 만행을 밀고하였다. 그들은 자하크가 백성들의 안전을 보장해 주길 간청하였다.

쿠쉬의 잔혹한 행위를 들은 자하크는 매우 기뻐하였다. 그는 '자신의 신하들의 영토에서 쿠쉬가 그렇게 노예를 만든다면 적이 없을 것이다'라고 생각하였다. 자하크는 핍박받은 백성들에게 말하였다.

"쿠쉬가 이 땅의 왕이다. 그는 자신이 원하는 것은 무엇이든 할 권리가 있다"

핍박받은 백성들은 실망하여 돌아갔다. 이 사실을 전해 들은 쿠쉬는 그들 모두를 성 밖에서 처단하였다. 공포가 모든 곳을 뒤덮었다. 나날이 핍박은 더욱 심해졌다. 역사에 다시없을 폭군이었다.

쿠쉬가 중국 도시들에게 소녀들을 요청하다

중국 국경에는 360개의 도시들이 있다고 전해진다. 쿠쉬는 모든 도시에 서신을 보내 아름다운 소녀를 한 명씩 보내라고 명하였다. 360명의 아름다운 인형 같은 소녀들이 그에게 바쳐졌다. 그는 밤낮으로 모든 소녀들과 함께했으며, 그해 연말에 360명의 소녀들이 모두 임신을 하였다.

쿠쉬의 딸의 죽음과 왕의 눈물

쿠쉬의 딸은 (아버지 때문에) 죽음을 맞이하는 2년 동안 무척 괴로워하였다. (딸이 죽자) 쿠쉬는 매우 슬퍼하였으며, 슬피 울었다. 그녀를 위한 장엄한 장례식을 열었다. 딸의 아름다움에 넋이 나간 그는 그녀를 닮은 우상을 만들 것을 명하였다. 그 이후로 우상 숭배는 중국의 관습이 되었다.

쿠쉬가 태후르에게 서신을 써서 그를 속이다

쿠쉬는 아비틴에게 접근할 수 없음을 깨닫자, 태후르를 떠올리고 해결 방도를 생각하였다. 그는 태후르에게 호의적인 서신을 쓸 것을 명하고, 서신의 서두에 신의 이름 대신 그의 이름을 적었다.

동양(극동)의 사자를 사냥하는 왕이 바실라의 현명하고 영민한 왕에게

오, 용맹하고 혈기 왕성한 왕이시여! 그대는 내가 전쟁과 전투에 진절머리가 났음을 알고 계실 겁니다. 아비틴이 그곳에 망명하였다는 이유로 그대와의 전쟁을 도모하기 이전에, 나는 지금 악을 물리치고자 합니다. 그대는 더 이상의 피해를 입지 않을 것입니다.

아비틴이 우리와 연루되지 않은 이 시점에서 나는 우리들을 괴롭힐 그 어떠한 것도 원치 않습니다. 지금이 우리에게 기회입니다. 아비틴은 더 이상 갈등의 원인이 될 수 없습니다. 바다가 우리의 군사 작전을 지켜볼 것입니다. 지금 아비틴은 바다에도, 또한 바실라에도 살고 있지 않습니다. 그런데 어찌하여 그대와 적이 되어야만 하고, 그대에게 희망

을 품어서는 안 되는 겁니까?

지금부터 그대는 나의 아버지와 같으며, 나는 당신의 아들이 될 것입니다. 선대 왕들이 나와 관계를 맺은 것처럼, 가족과 같이 끈끈한 관계를 맺읍시다. 그대의 선대 왕들은 선량했으며, 그 누구도 괴롭히지 않았습니다. 그러하기에 그대의 선조 중 그 누구도 이란이나 중국과의 전쟁을 도모한 왕은 없었습니다. 지금부터 바실라와 전쟁하거나 적대감을 품을 이유가 없습니다. 나는 그대가 자애로우며, 이란 무리들과 영원히 절교할 것을 믿습니다.

그대는 알고 있습니까? 내가 해양 정찰을 담당하는 군대를 파견한다면, 바실라는 과거에 경험하지 못한 막대한 피해를 입을 것입니다. 그러므로 우리가 우호 관계를 맺어 가족과 같은 관계를 유지하는 편이 더 나을 것입니다. 나는 그대와 친구로 남길 바랍니다. 그리하여 대규모 군대가 그대를 공격한다면, 그대의 국경을 감히 넘지 못할 것입니다.

우리의 마음을 합쳐 상호 새로운 조약을 맺읍시다. 지금부터 우리는 서로를 향해 악의를 품지 않을 것이며, 이에 두 나라는 두 개의 머리를 가진 하나의 몸으로 합쳐질 것입니다. 조약은 우리들의 맹세에 의해 성사될 것이며, 우리들 사이에 두려움이나 적의에 대한 두려움을 없을 것입니다.

중국 중개상들을 보낼 것이며, 그리하여 바닷길은 중국 시장을 방불케 할 것입니다. 중국 물품의 교류가 확대되어 바실라의 시장에서 중국 상품을 쉽게 찾을 수 있을 것입니다.

그대는 아비틴이 중국을 경유하여 그대의 나라로 도달했다는 것을 알고 있을 것입니다. 나는 한 치의 주저함도 없이 군대의 출병을 명했습니다. 허나 그대에게 적대감이 없었다는 것을 알고 있을 겁니다.

그대의 의심을 지울 최고의 방도는 그대의 딸을 나에게 주는 것입니다. 이로써 나는 그대의 지배 아래 놓이게 될 것입니다. 그대는 나를 아들로써 받아들일 겁니다. 어떠한 보물을 요구하든 보내드리겠습니다. 모든 중국이 그대의 지배 아래 놓이게 될 것이며, 나는 항상 그대를 섬길 것입니다. 마친에 그대가 원하는 자를 임명할 수 있도록 통치권을 줄 것입니다. 나의 목숨을 내놓으라 하면, 주저 없이 그대 앞에서 죽을 것입니다.

쿠쉬는 서신을 겸손하게 마무리 짓고, 이를 봉하였다. 그리고 웅변과 마법에 능한 고위 신관 중 한 명을 불렀다. 그는 신관에게 태후르에게 전할 서신을 가지고, 바닷길로 갈 것을 명하였다.

"이에 대해 태후르가 말하는 것을 잘 기억하여라. 나에게 그 답을 전해야 하느니라."

한 달 후 사신은 바실라의 요새에 도착하였다. 요새에서 내려온 바실라의 수군 장군은 사신의 배를 멈추게 했다.

그는 배의 수장에게 물었다.

"이 사람은 누구인가? 어이하여 여기에 왔는가?"

사신이 대답하였다.

"용맹한 자여, 진정하십시오. 저는 중국 왕의 사신입니다. 저는 해로를 통해 여기에 왔습니다."

수군 장군은 태후르에게 이 사실을 고하기 위해 파발을 띄웠다.

소식을 들은 태후르는 매우 역정을 내며 물었다.

"어이하여 그가 나를 만나기를 청하는가?"

대신이 왕에게 말하였다.

"적들을 너무 많이 기다리게 하지 마십시오. 적의 사신을 부르셔서 그를 영접하고 존경을 표하십시오. 만약 적이 물에 빠져 죽기 직전이라면, 폐하에게 손을 내밀 것입니다. 적의 문제가 무엇인지 알아보려면 기다리셔야 합니다. 그 후 사신을 처단하실 수 있습니다."

왕은 대신의 충언을 받아들였다. 그리고 사신을 환영하기 위해 사람들을 보냈다.

사신은 도시에 도착했을 무렵 바닷길에 지쳐 있었다. 그리하여 그들은 사신을 사흘 동안 대접하였다. 나흘째 되는 날, 왕은 존중을 표하며 사신을 영접하였다.

사신은 땅에 입을 맞추고 난 후 서신을 바쳤다. 왕은 쿠쉬의 직인을 알아보고, 서신을 열었다. 서신을 주의 깊게 읽은 태후르는 놀라워하였다. 그는 사신에게 "일주일간 머무른 후 몸단장을 하고 고국으로 돌아가라."라고 말하였다.

태후르가 속아서 쿠쉬와 동맹을 맺다

그러고 나서 태후르는 역관을 불러 은밀히 말하였다.

"오늘밤 풍악을 울리고 여흥을 돋우어 쿠쉬의 사신이 바짝 긴장하여 돌아가게 하라. 사신에게 말하여 그를 시험하라. 또한 왕과 그의 측근에 대해 이야기하라. 마지막으로 사신에게 물어보아라. 무슨 연유로 쿠쉬는 과거의 적이었던 우리와 화친을 맺으려 하는지. 중국 왕이 원하는 것은 무엇이고, 화친의 대가는 무엇인지. 이에 사신이 불쾌감을 드러내는지, 미소로 답을 하는지 그의 반응을 잘 기억해야 한다."

역관은 왕이 명한 대로 말하였다. 사신은 역관의 어려운 질문들을 묵묵히 경청한 후 이야기하였다.

"지금 아비틴은 중국을 떠났습니다. 중국 왕은 태후르 왕의 조처에 대해 고심하고 계십니다. 만약 아비틴이 동쪽으로 군대를 파견한다면 쿠쉬는 두려워할 것입니다. 아비틴이 중국 왕위에 태후르를 올려놓을 겁니다. 아비틴이 쿠쉬를 타도할 겁니다. 그리고 중국과 대중국(Grand China)을 파괴할 겁니다. 아비틴이 중국을 격파하고 중국을 차지한다면 가장 부유해질 것입니다. 만약 중국 왕이 바다(아비틴을 붙잡을 장소)로 군대를 파견하기로 결정한다면, 최소 10만의 병력을 보낼 것입니다. 그 비용으로 매달 엄청난 보물을 소요할 것입니다. 아비틴과 같은 영웅이 바실라에 문제를 일으킨다면, 중국으로 망명을 요청할 것입니다. 아비틴은 반복해서 문제를 일으킬 것입니다. 그리하여 이 협상에는 많은 이득이 있을 것입니다. 이것이 우리의 왕의 꿈이며, 이에 대해 왕은 자부심을 느낄 것입니다."

사신의 말을 들은 역관은 곧장 태후르 왕에게 달려가 이를 전하였다. 그리하여 왕의 얼굴에는 웃음꽃이 피었다.

태후르는 바보처럼 중국 사신의 말을 곧이곧대로 믿었다. 쿠쉬에게 속았다. 어느 날, 왕은 사신을 불러 그를 영접하며 경의를 표하였다. 왕이 사신에게 말하였다.

"중국 왕과 모든 고관 백작들에게 안부를 전하시오. 양국 간의 국혼은 불가하오. 허나 이를 제외하고는 그 어떠한 제안을 해도 무방하오. 과인은 아비틴이 나의 딸과 혼인하여 매우 슬프오. 그 후 나는 이 세상을 창조한 신에게 굳건히 맹세하였소. 그날 이후로 나의 딸을 외국으로 보내지 않을 것이라 말이오. 허나 과인의 친지들 중 중국 왕에게 어울릴 만한 이가 있소. 조카딸 중 한 명을 중국 왕에게 보낼 수 있으니, 이를 통해 양국 간의 관계가 화평해질 것이오. 이 외에 중국 왕이 원하는 것은 모두 따를 것이며, 모든 보물을 줄 것이오. 우리나라의 모든 것을 건넬 테니, 이로써 중국 왕은 우리나라에 바라는 것이 없을 것이오. 그대와의 신의를 지킬 것이며, 결코 동맹을 저버리지 않을 것이외다."

태후르는 이와 같이 답하며 사신에게 많은 선물을 하사하였다. 사신은 이에 기뻐하며 말하였다.

"모든 일이 우리의 뜻대로 돌아갈 것입니다. 중국 왕께서 은밀히 나에게 말하셨습니다. '만약 그대가 이 제안에 화가 나지 않는다면, 적의를 드러내지 말고 회유하는 편이 좋을 것입니다. 나는 그대에게 이와 같이 동맹을 간청합니다. 그대는 우리를 더 이상 적으로 여기지 마십시오. 그리하면 그대가 필요한 것은 무엇이든 우리에게 청할 수 있을 것입니다. 결코 우리 대상들의 통행을 저지하지 마십시오. 우리의 상인들을 해치지 마십시오. 상인들의 재산을 몰수하지 마십시오. 그들에게 적대적이지 마십시오.'"

(태후르) 왕이 대신에게 말하였다.

"쿠쉬가 우리를 아주 두려워하는 듯하오."

사절단이 맹약에 대해 고하자 왕은 자애롭고 참을성 있게 행동하였다. 그는 동맹의 맹세에 대한 증표로 사신에게 손을 내밀었다. 그리고 쿠쉬와 상호 동맹을 맺기 위해 (신라의) 사신과 함께 명석한 기병을 보냈다.

태후르의 사신이 쿠쉬와 동맹을 맺다

사신은 신속히 쿠쉬에게 가기 위해 해로로 출발하였다. 마침내 도착한 사신은 쿠쉬에게 그간의 모든 사정을 고하였으며, 쿠쉬는 그의 말을 듣고 매우 흡족해하였다.

쿠쉬는 비밀리에 사신에게 많은 선물을 하사했으며, 이로 인해 그는 행운을 거머쥐었다.

태양이 떠오르자, 쿠쉬는 녹초가 된 태후르 왕의 사신을 불렀다.

쿠쉬는 그를 황금 의자에 앉힌 뒤 매우 절도 있게 말하였다. 그러나 사신은 쿠쉬의 추악한 얼굴과 끔찍한 외모를 보고 겁에 질려 (태후르 왕의) 안부 인사를 전하며, 절을 하는 것조차 잊었다. 사신의 얼굴은 마치 아픈 사람처럼 새하얗게 질렸다.

그럼에도 중국 왕은 그를 극진히 존중하였다. 진정이 된 사신은 왕에게 절을 한 뒤 태후르의 서신을 옥좌 옆에 놓았다. (쿠쉬의 대신) 누샨이 서신을 열어 보았다. 서신의 내용은 존경, 공손, 호의 그 자체였으며, 쿠쉬는 이 전갈에 흡족해하였다.

쿠쉬는 사신을 따뜻하게 영접하고, 끊임없이 음식을 대접하였다. 사흘째 되는 날, 그는 사신을 다시 불러들여 많은 이야기를 나누었다.

사신이 말하였다.

"이제 폐하께서 왕의 명을 실천에 옮길 차례입니다. 맹세의 증표로 저에게 손을 내미는 것은 고귀한 존재인 폐하께는 힘든 일일 겁니다. (그래도) 폐하께서는 저희 태후르 왕과 같이 맹세를 하셔야만 합니다. 존중의 표현으로 서로를 괴롭혀서도 안 됩니다."

그러자 왕은 (신라) 사신에게 오른손을 건네며, 예상대로 맹세를 하였다.

태후르와 쿠쉬가 서로 선물을 보내다

중국으로 떠났던 사신이 바실라로 귀국했다. 태후르의 대신이 답신을 읽었으며, 그는 극진한 공손함과 존경의 표현에 놀라워하였다. 사신은 그가 보고 들은 것도 왕에게 고하였다. 태후르는 사태의 진전에 흡족한 나머지 쿠쉬의 기만에 무감각해졌다. 왕은 쿠쉬에게 걸맞은 선물을 준비하여 보낼 것을 대신에게 명하였다.

"신이 이 괴물 악마로부터 우리를 구원하셨으며, 이보다 더 경사스러운 일은 없을 것이다."

그 후 재무대신은 엄청난 공을 들여야만 얻을 수 있는 황금 옥좌를 가져왔다. 초록색 에메랄드로 장식된 옥좌는 이 세상에서 그 누구도 본 적이 없는 것이었다. 또한 육지와 물에서 (동시에) 살 수 있으며, 빠르게 달릴 수 있는 진귀한 말 10필과 많은 보석들도 준비하였다. 또한 산에서 나는 과일들이 사신의 요리에 올려졌다. 태후르는 선물 모두를 사신에게 하사하고, 쿠쉬에게 신속히 당도하기를 바란다고 말하였다.

피곤에 지친 사신은 바다를 건넜다. 육지에 다다르자 그는 콤단 도시에 도착할 때까지 쉬지 않고 달려가 누샨에게 고하였다.

누샨은 즉시 쿠쉬에게 이를 전하였으며, 쿠쉬는 이 소식에 매우 흡족해하였다. 쿠쉬는 누샨에게 명하여 하루 종일 달려온 사신을 환대하게 했다. 누샨은 사신을 정중히 말에서 내리게 한 후, 마실 것을 대접하였다. 사신은 일주일 동안 쉬었으며, 여드레째 되는 날 왕이 그를 불렀다. 왕은 그를 극진히 칭찬하며, 매우 환대하였다.

쿠쉬는 진상된 옥좌를 보며 말하였다.

"무엇 때문에 그토록 많은 고난의 시절을 참아 왔단 말인가? 태후르는 나의 아버지와 같다. 무엇 때문에 그는 이토록 많은 공을 들였는가?"

쿠쉬는 한 달 동안 사신을 영접한 후, 그달 말에 그를 불렀다.

중국 왕은 성좌와 달의 문양이 새겨진 황금 옥좌를 주문하였다. 왕은 이제까지 그러한 옥좌를 본 적이 없었으며, 신(神)조차도 그와 같은 옥좌를 만든 적이 없었다. 날아갈 듯한 황금 천으로 만들어진 수많은 중국 의복*, 아프리카 여우의 흰색 모피 수천 필, 병사들이 사냥한 수많은 흑담비와 다람쥐 가죽을 가져왔다. 또한 티베트산 영양의 사향 수천 개, 향신료의 원료 여덟 다발, 전사들이 사용하는 티베트산 갑옷 수천 벌과 장갑을 두른 방패, 수백 번의 풀무질을 한 검이 준비되었다. 이 모든 것들이 명망 높은 _(바실라) 왕에게 보내는 선물이었다. 쿠쉬의 사절은 이 모든 선물을 배에 싣고 출항하였다.

한 달 후, 사절단은 바실라에 도착했으며, 그들은 왕을 위한 모든 선물을 운반하였다. 쿠쉬의 사신이 서신을 바치자 대신이 이를 열어 보았다. 서신의 내용은 다음과 같다.

우리가 받은 그 모든 선물들로 인해 부끄러웠습니다. 비

---

* 쿠쉬나메의 서술자는 이 천이 면으로 지어졌다고 말하였다.

록 선물의 가치가 제 아무리 높다 하여도, 예를 갖추어 그대의 호의에 답례를 하지 않는다면 사내가 아닙니다. 왕에게 답례를 하는 것이 아무리 힘들지라도, 자애로운 왕 그대를 기쁘게 해 드릴 것입니다.

지금 제가 보낸 것은 한 올의 향기로운 머리카락과 같습니다. 보잘것없는 선물이지만 받아 주십시오. 우리의 선물을 받아 주신다면 신의 뜻과 마음이 우리에게 가까워질 터이니, 그럴 만한 가치가 있을 겁니다. 바실라에는 향이 귀할 터이니, 하루 만에 바닥이 날 겁니다.

목숨이 붙어 있다면 그대를 만나러 가서 지난날의 과오에 대해 사과할 수 있기를 바랍니다. 지금부터 모든 중국과 대중국은 그대의 수중에 들어갈 겁니다. 원하시는 것을 말해 주십시오.

태후르 왕은 사절에게 말하였다.

"중국 왕이 재무 대신을 곤란하게 했구려. 그는 전 재산을 전부 나에게 보낸 듯하네."

사신이 대답하였다.

"중국 왕은 이 외에도 재물이 풍부합니다."

태후르 왕은 또한 말하였다.

"선물이 보잘것없어 송구하오. 이 선물들이 부끄럽기 그지없으나, 더 이상 보내기엔 무리라네."

그는 사절단에게 많은 선물을 주었다. 그리고 쿠쉬 왕에게 서신을 보냈다.

누샨이 서신을 낭독하자, 쿠쉬는 상인들을 대거 불러들였다. 쿠쉬는 상인 중 가장 뛰어난 자에게 대상을 이끌 것을 명하였다.

대상은 그 큰 규모에도 불구하고, 빠른 속력으로 바다를 건넜다. 상인들이 밤낮 가리지 않고 도착했다. 그리하여 바실라는 대중국에서 온 상인들로 가득하였다. 대상들이 당도할 때마다, 바다를 지키는 요새에서는 경비병들이 "멈추시오!"라고 외치는 것이 관례였다.

경비병 수만 명이 상단을 향해 움직였다. 그들은 대상들을 검사하고 무기를 압수한 뒤 언덕 위에 위치한 요새로 돌아올 것이다. 저잣거리의 모든 젊은이와 모든 장정들도 가능한 한 말을 타고 요새를 향하였다. 모든 이들이 그 도시로 대상들을 이끌고 있었다. 그들은 그렇게 상인들을 이끌었다.

쿠쉬가 태후르를 속이다

쿠쉬가 태후르의 원한과 적대감을 없애는 데 성공하자 한동안 중국과 바실라는 평화로웠다.

태후르 왕은 중국과 화평하다고 여기는 동안 자국(바실라)의 문제를 생각하지 않았다.

쿠쉬 역시 자신의 왕국이 완전히 평화롭다고 생각하여 무장한 사령관과 시간을 보내곤 했다. 그는 막강한 권력을 가진 부유한 자이기에, 쿠쉬는 그를 매년 격 달로 방문하곤 했다.

한편 중국에는 쿠쉬의 유일한 벗인 한 상인이 있었다. 그들은 우정을 맹세함으로써 서로 믿을 만한 사람임이 증명되었다. 쿠쉬는 그에게 이 비밀을 아무에게도 발설하지 말라고 하였다.

"대상을 이끌고, 많은 선물을 가지고 태후르에게 가시오. 그대가 할 수 있는 한 그를 존중하고 흠모하시오. 그대가 할 수 있는 한 그를 다정하게 대하시오. 그대가 필요한 것은 무엇이든 중국과 마친에서 가져가시오. 그리고 모크란산 물품도 필요한 만큼 가져가시오. 마치 그의 노예인양, 그 순진한 사람을 대하시오. 그가 그대를 완전히 신뢰한다는 확신이 들면, 나에게 바로 고하시오."

상인은 바실라로 대상을 이끌고 떠났다. 그는 태후르 왕의 지인이 되었고, 태후르 또한 그를 마음에 들어 하였다. 왕은 가끔 상인에게 물건을 샀고, 상인은 왕이 필요로 하는 것은 무엇이든 가져왔다. 그는 왕을 알현할 때마다 존경을 표하며 절을 하였다. 매번 왕에게 많은 선물을 바쳤다. 왕은 그를 여러 번 시험하였으나, 매번 그 어떠한 잘못도 발견하지 못하였다. 마침내 왕은 그가 어떠한 형식적인 절차도 없이 왕을 알현할 수 있도록 그를 존대해 주었다. 상인은 왕과 아주 친숙하게 되었으며, 왕은 밤이고 낮이고 그와 어울렸다.

누군가 해를 입을 운명이라면, 그의 총기가 흐려지는 법이다. 경계심과 지혜가 그의 목을 헐뜯음으로써, 쓸모가 없음을 드러낼 것이다.

그 후 상인은 신속하게 쿠쉬에게 돌아가서 이 모든 것을 고하였다. 쿠쉬는 웃으며 말하였다.

"노련한 자여! 그대는 다른 임무를 수행해야 할 것이다. 그대는 또 다시 속임수를 쓰러 그곳으로 가시오. 가서 태후르에게 말하시오. '용맹하신 그대여! 중국에 많은 악기만 요구하고, 어찌하여 무기를 요구하지 않으십니까? 중국에는 너무도 많은 창과 검이 생산되어 빛을 발합니다. 그 빛은 마치 태양과 같습니다. 마구부터 투구와 갑옷에 이르기까지 그 수를 헤아릴 수 없습니다.' 그는 필시 그대를 곤경에 빠뜨리지 않고자 무기들을 원하지 않는다고 말할 걸세. 또한 그가 요청한 검과 갑옷을 쿠쉬가 거절할지 말지에 대해 물어볼 것이오. 그러면 이 문제를 쿠쉬는 미룰 것이라 말하시오. 그리고 그대가 왕이 필요한 것은 무엇이든 중국에서 가져올 것이라 말하시오. 쿠쉬는 온건한 사람이며, 그대를 자신의 아버지로 여긴다고 말하시오. 그 후 마구와 검, 전쟁 무기에 이르기까지 그가 요청한 것은 무엇이든 그에게 가져가시오. 그대가 이러한 물품들을 세 번 가져다 준 후, 나에게 준비가 되었다고 말하시오."

속이려는 자가 태후르에게 도착하자, 그는 왕이 지칠 때까지 이러한 말들을 아뢰었다. 또한 그는 쿠쉬의 선물과 함께 진상품까지 바쳐 태후르에게 높은 존경심을 표하였다. 상인이 말하였다.

"저는 전하의 행동에 놀랐습니다. 전하는 중국과 마친에서 갑옷과 무기를 제외한 모든 것을 요구하고 있습니다. 특히 단검은 이 땅의 일곱 대륙 어느 곳에서도 생산될 수 없습니다. 그러한 마구, 갑옷, 칼은 늙은이든 젊은이든 이 세상에서 경험해 보지 못한 것입니다."

왕은 그의 말이 옳으며, 그가 왕에게 매우 친절한 것을 알고 있다고 하였다.

"과인이 무기 대신 악기를 그대에게 요구한 것은 쿠쉬를 화나게 하는 행동을 해서는 안 된다는 결론을 내렸기 때문이오. 그대가 여기로 무기를 들여오는 것을 쿠쉬가 좋아하지 않을 것이라 생각했고, 과인은 그가 화가 나서 그대에게 벌을 내릴까 두려웠소."

속이려는 상인이 말하였다.

"쿠쉬 왕은 결코 그렇지 않습니다."

그가 또한 말하였다.

"자애로운 왕이시여! 쿠쉬는 늘 그대가 자신의 아버지와 같다고 말합니다. 제가 그곳에서 무엇을 들여오던 그는 주저하지 않을 것입니다. 그가 왜 검과 마법 지팡이를 보내기를 주저하겠습니까?"

태후르는 미소 지으며 말하였다.

"이것이 나의 목적이고 바람이오."

그리하여 상인은 바실라에 전쟁 무기를 가져오기 시작했다. 그리하여 그는 하루도 집에 머물 틈이 없었다. 상인은 물품을 세 번이나 가져왔다. 매번 화물은 전쟁 무기뿐이었다.

그 후 그는 쿠쉬에게 고하였다.

"폐하께서 명하신 것 전부를 수행했습니다."

필단단(코끼리 이빨, 쿠쉬)은 이 소식을 듣고 흡족해하였다. 그는 상인에게 높은 존경을 표하였다.

쿠쉬는 모든 곳에 '모크란 왕이 배반하였다'라고 고의로 소문을 퍼뜨렸다.

"모크란 왕은 스스로 세계의 왕이라 여기며 쿠쉬를 배반하였다."

그리고 나서 쿠쉬는 명석하고 용감한 병사 백 명을 선발하였다.

그들은 군대에서 명성이 높고 전투에 매우 능한 자들이었다. 그는 병사 모두에게 명마를 내주었으며, 많은 재물을 하사하였다. 병사 모두에게 1천 디나르와 황금으로 만든 옷도 선물하였다. 또한 그들 모두에게 남자, 여자 노예를 하사하였다.

　왕은 병사들에게 상인 복장으로 변장하게 하였고, 값비싼 악기와 값진 물품들을 가지고 가게 했다. 그러나 병사들은 각자의 짐 속에 수백 개의 인도산 검과 무기를 숨기고 만반의 준비를 하였다. 또한 수백 개의 갑옷과 투구를 내리고, 다른 필요한 군수물품도 주었다. 이렇게 변장한 병사들은 모두 장삿길에 오른 상인과 같아 보였다.

　쿠쉬는 그들 모두를 바실라로 보내며 말하였다.

　"바람이 불듯이 그곳에 당도하여라. 너희들 모두는 상인(대장)의 지휘하에 있다. 그의 명령에 모두 복종해야 할 것이다. 어느 누구든 그의 명령에 따르지 않는다면 엄중히 처단할 것이다."

　그러고 나서 쿠쉬는 상인(대장)에게 은밀히 말하였다.

　"이 모든 용맹한 병사들은 그대의 지휘하에 있소이다. 그날을 위해 이 병사들을 준비했소. 그대가 해안 요새에 도착하면, 용맹한 병사들이 그대에게 갈 것이외다. 병사들이 그대를 산으로 데려갈 것이니, 그곳에는 그들 외엔 병력이 없소. 어둠이 내리면 그대는 검을 바로 뽑으시오. 그대가 그들의 머리를 베야 하오. 그리 할 동안 내가 바다를 건널 것이오. 그대가 그 영웅들을 죽이면, 즉각 불을 피워 봉화를 올리시오. 봉화를 확인하면, 해안 요새를 공격할 거요. 우리의 함성이 산 정상에 닿으면, 그대의 병력 중 50명만 그곳에 남겨 지나가는 정찰병으로부터 안전을 확보하기 위해 그 길을 경계하시오. 나머지 병력은 그곳을 떠나 먹잇감을 노리는 사자처럼 빠르게 이동해야 하오. 독이 묻은 장검과 단검으로 해안 요새의 경비병들을 죽이시오. 그리하여 나의 이동로를 확보하시오. 그리하면 나의 기병들이 해안 요새에 당도할 수 있을 거요.”

상인은 떠났고, 사흘 후 쿠쉬도 무장한 기병을 이끌고 출정하였다.

상인(대장)이 해안 요새에 다다르자 많은 경비병들이 그에게 다가왔다. 경비병들이 그를 육지로 데려가자, 그는 여느 때와 같이 경비병들에게 많은 선물을 주었다. 병사들은 매우 감사해하였다.

그리고 병사들은 그의 모든 화물을 검사하였다. 전부 전쟁 용품이었다. 경비대의 대장이 말하였다.

“이번에는 전부 무기로군요.”

상인이 말하였다.

“그대의 왕께서 의뢰한 것입니다. 왕께서 이 무기들을 요청하셨습니다. 그대는 이미 세 번이나 내가 전쟁 용품을 들여오는 것을 보았습니다. 그는 값을 치르기 위해 재화를 준비해 두었습니다. 이로써 바실라는 중국보다 부강해질 것입니다."

경비대 대장이 이 이야기를 곧이들었고, 배는 해안 요새에 다가왔다.

대장은 상단에 수십 명의 정찰병들을 딸려 그들을 요새로 안내했다. 그들은 요새를 지나 산 정상에 다다랐고, 이로써 모두 성채 안으로 들어갔다.

한 젊은이가 상단을 도시로 데려가기 위해 서둘러 바실라에서 왔다. 그는 상단 모두를 도시로 안내해 갈 것이고, 그들은 가져온 물건에 대한 대가를 받게 될 것이다.

바실라에 대한 쿠쉬의 승리

어둠이 내리자 (쿠쉬의) 용맹한 자들은 갑옷을 입었다. 그들은 검을 뽑아 경비병들의 목을 모두 베었다. 그러고 나서 땔감을 모아 불을 피워 봉화를 올렸다. 산 정상에서 불빛이 보였다. 바다 위에 그 빛이 강렬하게 반사되어 바닷물이 빨갛게 물들었다.

쿠쉬는 그 불빛을 보자 말과 함께 재빨리 움직였다. 육지를 향해 바다를 떠났다.

적들이 공격을 시작했을 때 경비대의 모든 영웅(군인)들은 잠들어 있었다.

어두운 밤, 쿠쉬는 살인 악마처럼 함성과 함께 바다에서 돌진해 왔다. 그들은 경비병들을 발견하고 철저히 복수하였다. 바다의 요새와 산 정상에서도 매복병들은 그 누구에게도 자비를 보이지 않았다.

상인은 전투를 지켜보았고, 쿠쉬 군대의 분노를 보았다. 그는 또 다른 50명의 쿠쉬 병력을 경비병들에게 보냈다. 이들 모두 역시 전투에 능하였다. 그들은 얼굴을 가리는 무장을 하고, 옷 안에 갑옷을 덧입었다. 병사들은 검으로 경비병들을 공격했으며, 어느 누구도 살려두지 않았다. 그들은 요새의 문을 열었고, 동틀 녘에 드디어 쿠쉬가 요새를 통과하였다.

쿠쉬는 산 정상에 막사를 치고, 그곳을 자신의 처소로 바꾸었다. 그는 또한 군대를 데려오기 위해 중국으로 배를 보냈다. 또한 정찰 임무에 적합한 자들을 선발하여 도시에 감시 병력을 보냈다. (쿠쉬) 왕의 기병대 중 한 명이 약 100명의 장정들을 데리고 왔다. 상단을 지원하기 위해 많은 장정과 가축들이 필요했던 것이다. 그런데 (바실라) 도시로 가축을 몰고 가는 도중에 문제가 발생하였다. 바실라의 관료들과 마주치자 그들을 검으로 공격하였던 것이다. 그러나 바실라 관료 중 세 명의 용맹한 자들이 그곳을 탈출하여 도시로 달려갔다.

그들은 이 사건을 태후르에게 알렸다. 그는 극도로 심기가 불편하여 자리에서 쓰러졌다. 그러고는 대신에게 말하였다.

"이런 사태가 벌어진 것은 그대가 잘못 보좌한 결과다. 그렇지 않고서야 어찌 그 상인이 해안 요새를 통과하는 일이 벌어질 수 있었겠나?"

태후르의 책략, 쿠쉬에게 보내는 전갈, 쿠쉬의 답신

태후르는 한 명의 병사도 남김없이 군대를 소집할 것을 명하였다. 약 20일 동안 그들은 용맹한 군대를 모집하였다. 또한 태후르는 도시와 마을의 모든 백성에게 바실라로 올 것을 명하였다. 병력은 15만 명을 넘었으며, 모든 병사들은 검을 쓰는 자들이었다.

다음 달 초, 모든 군대가 소집되었다. 태후르는 군대를 산으로 이끌고, 적진 맞은편 평야에 진영을 쳤다. 그러나 적군 중 아무도 접근하지 않았다. 산으로 진군할 방도도, 싸울 수 있는 방도도 없었다. 태후르는 화가 나서 쿠쉬에게 전갈을 보냈다.

포악한 자와 벗이 되는 것은 현명한 처사가 아니오. 만약
누군가가 사악한 자와 친구가 되려 한다면, 어찌 해를 입지

않겠소? 이 모든 것들이 바실라를 점령하기 위한 그대의 속임수이고 술책이었소?

이 나라가 나의 선조들의 성지(聖地)로 내려온 지 작금 3천 년이 넘었소이다. 그 기간 동안 중국을 다스린 많은 왕들이 있었소. 허나 그들 중 아무도 우리나라를 정복하지 못했소.

그대 또한 무슨 짓을 하든, 우리나라에 접근할 수 없소이다. 어이하여 그대의 재화를 낭비하시오?

그대를 보살피고 키워 온 사람에게 어찌 그리 무례하시오? 이 불충한 자여!

아비틴은 그대로부터 혹독한 고통을 당했소이다. 그는 한 곳에서 쉴 수도, 살 수도 없었소. 그는 그대로 인해 상처 입고 비참하게 세상을 떠돌아다니게 되었소이다.

그대의 본성이 악하고 불충으로 가득한데, 그 누가 그대에게 신의를 기대할 수 있겠소? 나는 그대의 만행뿐만 아니라 그대의 흉악하고 인간 같지 아니한 용모에 대해서도 전해 들었소이다. 현명한 자가 말한 것을 보시오.

(원문 내용 판독 불가)

누가 악마와 친구가 되겠소? 누가 악마와 같이 생긴 자와 친구가 되겠소? 허나 누가 이 불행을 질타할 수 있겠소? 우리가 스스로를 비난할 수 없듯이, 그 누구도 비난할 수 없소이다.

사신은 언덕 정상으로 올라가 쿠쉬의 군 앞에서 태후르의 전갈
을 고하였다. 쿠쉬가 말하였다.
"어리석음으로 적의와 부당함을 쳐부술 수는 없다고 전하시오."

우리는 누구든지 우정의 손길을 뻗치면 그와 친구가 되
었소. 허나 이러한 기대는 (신라 왕의) 적대 행위에 대한 복
수요. 그대는 결코 우리와 친구가 되지 않았소이다. 대신 이
란인들과 친구가 되었고, 가족이 되었소. 그대는 우리의 적
과 협력해 온 잘못된 행위를 생각하지 않으시는구려. 그대
는 이란인들을 그대 가까이에 불러들여 삶의 터전을 마련
해 주었소. 아비틴은 모든 이란인들에게 재정 지원을 해 주
어 모든 병사들이 무기를 갖추게 했소이다. 그리고 중국으
로 와서 파괴 행위를 저지르는 대역죄를 범했소.
(그런데도) 그대는 나에게 적의가 없다고 말하였고, 나는
태후르와 기꺼이 친구가 되었소. 내가 그대와 신의를 쌓아
나갈 때, 그대는 아비틴이 나에게서 도주할 여건을 마련해
주었소. 그렇지 않았다면 그대는 내가 이 세상에서 잠쉬드
의 후손(이란인)들을 뿌리 뽑는 것을 보았을 것이오.

나는 그대와 가족이 되려고 결심하였고, 그대에게 딸을 줄 것을 요청하였소. 하지만 그대는 혼사에 대한 열의를 보이지 않았소. 반면 그대는 도망자 아비틴에게는 가장 아름다운 딸을 주었소.

내 생애를 걸고 맹세하오. 그대는 내 손아귀에서 벗어날 수 없을 것이며, 결코 안전하지 못할 것이오. 내가 그대에게 검을 내리칠 때 가장 강한 일격을 가할 것이라는 것을 주의하시오. 마친의 왕 바하크에게도 그와 같이 검을 내리쳐 비참하게 만들었소이다. 그대는 그를 교훈 삼지 아니하고, 이처럼 나를 모욕하였소.

그대는 침투하기 어려운 산이라는 지형학적 입지를 자랑하였소. (스스로) 그대의 불운을 알아차리지 못했소이다. 그대는 매가 태양보다 높이 난다고 해도, 때로는 사냥당할 수 있음을 알지 못하였소. 그대와 그대의 선조들은 모반에 가담했소이다. 그렇기에 그대는 지금 해를 입을 것이오.

이런 모반이 가능했던 것은 (바실라의) 지정학적 위치 때문이 아니라 그대의 영토에 대한 역대 중국 왕들의 생각이 짧았기 때문이오. 중국 왕들은 기쁘고 행복하기 그지없어, 그 누구도 이곳을 공격할 생각을 하지 않았소. 그대에게서 이 산을 빼앗고, 그대의 왕국을 몰락시킬 생각을 하지 않았소.

허나 지금 그대는 가장 용맹한 왕들 중 한 명을 상대하고
있소이다. 그대는 지금 반격해야 할 것이며, 물러날 방도는
없소이다.

이 답신이 태후르에게 전해지자 그는 분노에 떨기 시작하였다.
태후르는 군대에 경계령을 내렸고, 모든 병사는 검과 창으로 무
장하였다. 나팔 소리와 북소리가 울려 퍼졌고, (그들의 행군으로) 산
은 먼지와 흙으로 인해 어두워졌다. 온 산이 군대의 병사들로 메
워졌다.

　그러나 산에 진영을 친 중국 병사들은 싸우러 오지 않았다. 중
국인들은 아무도 전장으로 오지 않았다.

　한 기병이 외쳤다.

　"악마의 자식들이여, 싸우러 나오든지, 산 정산에 틀어박히든지
결정하거라. 산 정상에 머무르는 한, 너는 결코 바실라를 정복할 수
없을 것이다. 싸울 준비가 되었다면 신사답게 싸우러 내려오너라."

　상대의 답변이 들렸다.

　"우리는 산 정산에 머무는 데 아무런 문제가 없소. 그대는 다급
하나 우리는 서두를 필요가 없소이다. 싸우기에 적당한 때가 되면,
싸울 것이오. 우리는 일 년 내내 머무르지 않을 것이오. 허나 싸움
을 미루는 것이 우리에게 득이 될 것이오. 전쟁을 서두르기보다

천천히 도모하는 것이 더 낫소. 결코 서두르거나 경솔하지 않을 것이오. 성급함은 후회만을 남길 뿐이오. 신의 계시에 따르면, 성급함은 악마나 하는 짓이며, 느림은 천상의 행동이요."

이러한 대답을 듣자, 병사들의 분노는 도를 넘어섰다.

이렇게 양 진영 간에 석 달이 흘렀다. 아무 일도 일어나지 않았으며, 어린아이조차 죽지 않았다. 바실라군은 계속하여 (중국군을) 자극했지만, 쿠쉬는 그의 병사들이 싸우는 것을 허락하지 않았다.

한편 무장한 병사들이 중국에서 계속해서 당도하였다. 모든 병사들은 전투태세를 갖추었다. 이들이 합류하면서 쿠쉬군은 약 60만 명에 이르렀다.

이 기간 동안 쿠쉬는 오로지 음식과 과일만을 먹으며, 필요한 물자를 준비했다.

태후르의 바실라 귀환

한편 태후르와 그의 군대는 (미래를) 준비하며 석 달을 보냈다.

모든 도시에 높은 성벽을 쌓아 수비를 강화하였고, 참호를 파서 도시 인근의 물로 채우라 명하였다. 바실라 도시에는 여인들을 위한 방이 없을 정도로 창고가 들어섰다. 직업이 없고 가난한 백성들은 스스로 생계를 유지해야 했다. 그들은 구휼 기관의 도움도 받을 수 없게 되었다. 태후르는 가난하고 힘없는 자들을 도시에서 격리했다. 이렇게 자신이 원하는 대로 도시를 정비한 후, 정사를 돌보며 시간을 보냈다.

태후르는 밤에 은밀히 군수 장비를 정리하여 바실라 도시(성내)로 퇴각하였다. 오직 빈 막사만이 그곳에 남았다. 그는 빈 막사 모두를 한 기병에게 맡겼다. 태후르는 보병과 기병 5천 명을 이끌고 도시로 돌아왔다.

그는 바실라 도시에서 다른 도시에도 군대를 파견하였다. 병사들에게 다른 도시들을 지키라고 명하였으며, 완전한 경계태세를 갖추었다.

쿠쉬가 산과 바실라에 대해 묻다

다음 날 쿠쉬는 군대를 준비해 산을 내려갔으며, 군대의 함성은 하늘을 찌를 듯했다.

쿠쉬는 태후르의 진영에 도착했다. 군대는 없었고, 그는 매우 흡족해하였다. 쿠쉬가 말하였다.

"적이 도망갔다. 이는 마치 감정 없는 죽은 사람과 같다."

그는 태후르 왕이 퇴각한 진영에 발을 디딘 뒤 한시름 내려놓았다. 그리고 대규모 추격 군대를 보내 밤늦도록 공격했지만, 아무도 발견하지 못하였다. 단지 연약해서 잘 걷지도 못하는 사람 몇 명만을 겨우 발견했을 뿐이다. 그들은 이 포로들을 묶어서 왕에게 끌고 갔다. 왕이 역정을 내며 그들에게 물었다.

"언제 태후르가 그곳을 떠났는가?"

아무 대답이 없자 쿠쉬가 말하였다.

"내가 너희들의 도시, 너희들의 나라를 정복하면, 그곳의 모든 용맹한 자들을 죽일 것이다. 허나 내가 묻는 말에 대답한다면, 나는 너희들의 집을 파괴하지 않을 것이며 너희들을 해치지 않을 것이다. 그러니 일을 어렵게 만들지 말거라. 내가 묻는 말에 정확하게 대답하거라. 아는 대로 고하여라. 산 정상에 있는 성과 경비병들에게 대해 무엇을 알고 있느냐? 내가 바실라를 어떻게 하면 정복할 수 있느냐? 너는 바실라의 방어 제도에 대해 무엇을 알고 있느냐?"

그들 중 중국어와 마친어를 알고 있는 경험이 많은 늙은이가 쿠쉬에게 말하였다.

"용맹하신 왕이시여! 신(神)만이 오직 왕께서 이 산을 정복하도록 도와주실 수 있습니다. 신은 무장한 병사들과 함께 그대를 여기로 이끄셨습니다. 이 산을 왕의 것으로 만드시려면 이 이야기를 이해하셔야 합니다. 신은 바실라 왕들 외에 다른 피조물들을 이 세상에 창조하셨습니다. 그들에게 바실라 정복은 무의미합니다. 그들 스스로는 이 요새와 보물, 이 산으로 인해 교만해졌으며, '이 세상에서 아무도 우리의 땅을 정복할 수 없다'라고 말합니다. 태후르의 자부심은 밤낮없이 이 모든 것으로부터 나옵니다."

또한 그 (늙은) 현자는 말하였다.

"신의 계시가 내려지면, 그대가 평지에 있던, 산에 있던 아무 문제가 되지 않습니다. 폐하는 이 산 아래에 일곱 도시가 있다는 것을 알고 계십니다. 각각의 도시는 인구도 많고, 어마어마한 방어 시설을 갖추고 있으며, 과수원과 냇물로 가득합니다. 그중 한 도시는 완벽한 전투태세를 갖추고 있으며, 도시마다 화강암으로 만들어진 성벽이 있습니다. 이 성벽들의 높이는 100미터가 넘으며, 성벽을 둘러싼 참호는 물로 가득합니다. 참호는 겨우 한 명이 배로 건널 수 있을 정도이며, 그 외엔 건널 방도가 없습니다. 이들 중 세 도시는 바실라와 같습니다. 물론 이 세상에 바실라와 같은 도시는 드뭅니다. 태후르는 바실라에 주둔하고 계십니다. 이 도시에는 병사와 재물이 넘쳐 납니다. 바실라 외에 우르(Ur)라고 불리는 또 다른 도시가 있습니다. 그곳은 마치 하늘에 닿을 듯합니다. 이 두 도시는 태후르의 왕자 가람(Karam)의 소유이며, 이 도시들은 마치 낙원과 같습니다. 그는 적당한 방어 시설을 갖춘 다른 도시들도 소유하고 있습니다. 그렇지만 왕은 이 도시들을 충분히 정복할 수 있을 것입니다. 산 정상에는 열두 곳의 요새가 있으며, 그것들을 보면 놀랄 것입니다. 각각의 요새는 과수원과 흐르는 물로 가득하며, 늙은이조차도 이들 요새에서는 젊어질 수 있습니다. 이 요새들은 그의 아들의 통치 아래 있습니다. 그의 아들은 요새들을 영구히 지킬 것입니다. 그곳의 모든 가옥들은 재화와 진귀한 보물로 가득합니다."

쿠쉬는 그 노인의 말을 듣고 더욱더 전쟁을 결심하게 되었다. 노인은 이어서 말하였다.

"제가 쿠쉬의 아들이라면 전쟁을 시작할 것입니다. 시일이 아주 오래 걸린다 해도 모든 도시들을 장악할 것입니다. 제 검의 힘으로 요새들을 파괴할 것이며, 참호를 피로 채울 것입니다. 이 나라의 흙을 중국으로 보낼 것이며, 여인과 미망인들을 노예로 만들 것입니다. 그리고 저와 같은 늙은이에게 노후에 보금자리를 줄 것이며, 안내자로서 함께 머물러 달라고 (그 노인에게) 말할 것입니다."

쿠쉬는 노인에게 (옆에) 머무를 것을 명하였다. 그들은 계속해서 그를 감시할 것이다.

쿠쉬의 바실라 점령

쿠쉬는 군대를 이동시켰다. 멀리서 바실라를 바라보자 도시의 꼭대기가 하늘에 닿을 듯하였다. 마치 한 개의 (거대한) 돌덩이같이 보였다. 그곳의 감시 초소는 너무도 높아서 밧줄을 던질 수도, 화살이 닿을 수도 없었다. 도시의 꼭지점은 너무나 높아서 매도 도달할 수 없을 정도였다. 성벽의 높이는 구름을 넘었다. 바다가 도시를 둘러싼 듯했다. 도시는 모든 보는 이들을 놀라게 할 것이다.

성벽의 정상에는 대대 병력의 경비병들이 있었다. 그들의 수는 산에 있는 마주즈(Majui)부족의 경비병보다도 더 많았다. 성벽에는 전쟁 장비가 갖추어져 있었다. 그리하여 성벽은 봄날의 정원처럼 형형색색으로 보였다. 모든 감시 초소에서 함성이 들렸으며, 깃발들이 보였다.

쿠쉬는 그러한 방어벽, 전쟁 장비, 병사들을 갖춘 요새들을 보는 것만으로도 낙담했다. 우선 성벽 앞에서 군대를 멈추고, 그곳에 진영을 쳤다. 모든 막사의 꼭대기에 깃발을 세우고, 성벽의 좌우에 보초병들을 세웠다. 쿠쉬는 도시에서 적군을 끌어내는 것이 최상의 병법이라 생각하였다.

한편 태후르의 용맹한 기병들은 계속해서 왕에게 말하였다.

"오, 위대하신 왕이시여! 제발 성 밖에서 싸우게 해 주십시오.

중국인들의 머리를 몸통에서 끊어내겠습니다."

왕이 대답하였다.

"그것이 해결책이 아니다. 우리의 병력은 그들만큼 강하지 못하다. 우리는 적군이 퇴각할 때까지 여기에 머물러야 한다. 화살과 창, 돌로 방어를 하며, 성벽 위에서 복수를 해야 한다. 중국 왕의 몸과 마음을 상하게 해야 한다. 우리의 군대를 무엇 때문에 위험한 상황에 놓이게 해야 하는가? 그런 결정을 내린다면 신이 노할 것이다. 우리가 나가지 않는다는 것을 쿠쉬가 알아차리면, 자연히 우리를 공격할 것이다."

중국 왕은 그곳에서 한 달을 보냈으나, 태후르의 군대에서는 아무도 싸우러 나오지 않았다. 쿠쉬는 원로들을 대동하고 광야로 가서 바실라로 통하는 길을 생각하며, 바실라를 둘러보았다. 그러나 바실라로 통하는 길을 찾을 수 없어 마치 온 세상이 무너져 내리는 듯하였다.

그때 갑자기 영웅(군사)들의 비명소리가 들렸다. 쿠쉬와 일행은 겁에 질렸다.

쿠쉬와 그의 영웅들의 비명은 화성이 들썩거릴 정도로 매우 컸다. (바실라의 공격이 시작되었다) 갑자기 화살과 돌이 땅을 가득 메울 정도로 쏟아지기 시작했다. 너무나 많은 사람들이 죽었다. 성벽 위에서 수많은 돌들이 그들에게 쏟아졌다. 성문 근처의 쿠쉬군이 몰살되었다. 그들에게 쏟아진 돌들은 투구를 뚫고 머리를 쳤다. 단한 번의 공격으로 그들 중 1만 2천 명이 사살되었다. 바실라의 돌들이 그들을 말살하였다.

반면 태후르의 병사들은 한 명도 다치지 않은 채 전투에서 승리하였다.

화가 난 채 돌아간 쿠쉬가 관료들에게 말하였다.

"우리는 도시를 정찰하였고, 많은 손실을 입었소. 도시의 성벽이 너무 높아 빠른 시일 내에 정복할 수 없을 것 같소. 성문은 너무나 높고 폭이 좁아 겨우 병사 한 명만이 통과할 수 있소. 만약 우리가 하루 종일 이러한 조건에서 싸운다면, 아무리 많은 영웅들을 죽인다 해도 태후르의 군대에 타격을 주지 못하고, 우리 군만 전멸할 것이오. 유일한 해결책은 이 도시와 전쟁을 하지 않는 것뿐이오. 짐은 성 밖에서 이 도시를 통제할 것이며, 다른 도시들을 정복하기 위해 군대를 보낼 것이오. 다른 도시들, 즉 온 나라가 점령되면 그들의 재화는 우리 군에게 돌아올 것이오. 여인과 아이들을 노예로 만들고, 젊은이와 노인들은 죽이고 부상을 입힐 것이오. 우리는 고관들의 집을 불태울 것이며, 다른 백성들은 이 화재에 겁먹을 것이오."

관료들은 쿠쉬의 생각에 행복해하였다. 그들은 이 도시에 대항해 싸우는 것도 잊었다.

다음 날, 쿠쉬는 무장한 병사들을 다른 도시로 파견하였다. 병사들은 발달한 도시를 파괴하고 백성들을 죽이고 약탈했으며, 여자와 아이들을 노예로 만들었다. 도시는 하늘을 찌를 정도로 온통 혼란스러웠다.

섬은 초토화되었다. 2년 안에 그 지역에서 행복이 사라졌다. 도시들에서는 단 한 명도 안전하지 못했으며, 그 누구도 도시의 이름을 언급하지 못하였다. 그들은 도시들을 파괴하고 불태웠다. 활기 넘치는 도시들을 폐허로 만들었다.

쿠쉬가 머문 6년 동안 바실라의 다른 도시에서는 소동으로 인한 울음소리만이 들렸다. 그러나 (태후르가 머무는) 바실라 도시에는 기근도 없었고, 빵과 물의 공급에도 문제가 없었다. 쿠쉬는 탑 하나 부수지 못했다.

쿠쉬가 아비틴과 그의 두 아들의 암살 소식을 전해 듣다

어느 날 갑자기 전령이 도착하여 쿠쉬에게 자하크의 서신을 건넸다. 서신에는 아비틴과 그의 두 아들이 참수되어 세 명의 수급이 이란에서 중국으로 보내졌다고 적혀 있었다. 쿠쉬는 이 소식을 듣고 매우 기뻐하며, 전령에게 상을 내렸다.

쿠쉬는 모든 군대에게 도시의 성문으로 진군할 것을 명했다. 그들은 기꺼이 진군하였다. 그리고 그들은 성문 앞으로 서신을 던졌다. 그들은 함성을 지르기 시작하였다.

기병 한 명이 (성 안에서) 나와 서신을 갖고 돌아갔다. 그들은 서신을 태후르에게 통역하였다. 그는 매우 슬퍼하였다. 그의 눈은 마치 죽어 가듯이 고통으로 시력을 잃었다. (그의 안색이) 밀짚처럼 창백해졌지만, 다른 이들에게 들키지 않도록 노력하였다. 태후르는 그의 백성들에게 성벽 위에서 이렇게 외치도록 명하였다.

"이 고약한 악마의 자식이여! 근본 없는 놈이여! 너는 이 편지에 거짓을 적었다. 너는 우리를 슬프게 만들려고 했다. 너는 이 서신으로 바실라를 정복할 수 없을 것이다. 전쟁 외에 너에게는 선택의 여지가 없다."

쿠쉬는 태후르군의 외침이 들리지 않는다는 듯이 성문 앞에 차분히 서 있었다. 그는 이미 22년 동안 성문 앞에서 그의 군과 대치하였다.

도시 안에서는 점차 식량이 부족해졌다. 사람이 먹을 음식도, 가축의 사료도 없었다. 부유한 사람들까지 굶어 죽었다. 만약 바닷물을 한 방울씩 사용하려고 한다면, 바다의 샘이 부족하여 마를 것이다.

중국군으로부터 오직 세 도시만이 무사할 수 있었다. 쿠쉬는 그 외 모든 도시들을 파괴하였다. 그는 도시에 한 집도 온전히 놔두지 않았다. 그는 백성들을 중국의 도시들로 보냈다. 중국인들은 마치 양치기와 같이 (행동하며) 백성들을 중국으로 끌고 갔다.

중국군이 그곳에서 22년을 보내자 많은 사람들이 도시들에서 죽어 나갔다.

자하크가 페리둔에게 잡혔다는 소식을 듣고 쿠쉬가 도주하다

태후르는 두려움에 질려 낙담하였다. 벌벌 떨며 밤낮으로 슬퍼하던 그는 쿠쉬에게 보물과 딸을 바치는 사안에 대해 고관들과 논의하였다. 때때로 인간이 절망에 빠져 있을 때, 신이 구원의 손길을 보내는 법이다.

"그대가 아무것도 하지 않는 한, 아무 일도 일어나지 않을 것이다. 손가락에서 반지를 빼는 것과 같은 짧은 시일 내에 예상치 못할 일이 일어날 것이다."

태후르는 이 세상에 절망하여 고관들과 영웅들에게 말하였다.

"짐이 가진 모든 보물을 이 위험한 적에게 갖다 주시오. 복수에 불타는 사람을 달래기 위해 내 딸들을 그에게 보내시오."

태후르는 동이 틀 때까지 이 결정을 생각하며 괴로워하였다.

햇빛이 반짝이자 갑자기 배 한 척이 해안에 당도하였다. 배에서 세 명의 영웅들이 내렸다. 영웅들은 쿠쉬에게 가서 주위에 사람을 물리게 하고 말하였다.

"왕이시여! 전쟁에 앞서 옥체를 살피소서. 페리둔이 자하크를 잡아갔습니다. 그리하여 지금 페리둔이 왕이 되었습니다. 그는 수천 명이나 되는 자하크의 사람들을 죽였습니다. 지금은 페리둔의 시대입니다."

이 소식을 듣자 쿠쉬는 마치 숨이 넘어갈 것 같았다. 그는 부들부들 떨었지만, 그 누구에게도 들키지 않았다.

밤이 되자 쿠쉬는 몇 명만 거느리고 배에 올라 중국으로 도주하였다. 군대와 막사는 그대로 남겨 둔 채 신경을 쓰지 않았다.

바실라에서 잡혀 간 수많은 노예들은 산속의 감금 상태에 지쳤다. 그들은 즉시 태후르 왕에게 몰려가서 코끼리 이빨(쿠쉬)의 도주 소식을 고하였다. 한 남자가 말하였다.

"왜 여기에 앉아 절망만 하십니까? 신(神)께서 그대의 고통을 끝내셨습니다."

쿠쉬와 중국인들을 쫓다

태후르는 이 소식을 듣고 말하였다.

"신께서 쿠쉬에게 영원한 고통과 괴로움을 주리니. 아마 (쿠쉬의) 적이 중국과 마친을 그에게서 탈환하기 위해 보복 공격을 감행한 것이다. 그가 과인과 (바실라) 군대를 광야로 끌어내기 위해 덫을 친 계책일 수도 있다"

태후르는 먼저 용맹한 기병 하나를 보냈고, (안전이 확인된) 직후에 그는 해안 요새를 압박하고, 적들에게 쉴 틈조차 주지 않도록 했다.

"발견한 적군들은 모두 즉각 처단하라."

바실라 군대는 해안 요새로 가서 많은 적들을 죽였다.

용맹하고 명성이 높은 기병이 태후르의 군대에 당도하였다. 그는 적이 바다로 도망갔으며, 쿠쉬의 군대는 산과 사막으로 흩어졌다고 고하였다. 이 말을 들은 태후르는 땅에 얼굴을 대며, 전능하신 신에게 절을 하였다. 그리고 즉시 고관을 불러 말하였다.

"자하크가 죽었는가? 그렇지 않다면 누군가가 중국을 공격해야 한다. 악마의 후손이 황급히 여기를 빠져나가 도주하였다."

그는 아들 가람에게 전령을 띄워 검을 들 것을 명하였다.

악마의 자식의 군대를 발견하면, 그들 모두를 불태워 잿더미로 만들어라.

비록 신께서 한때 불운을 드리우셨지만, 마침내 어둠이

이 땅을 떠났다.

단지 그의 막사와 재물만이 남게 되었다.

그리고 왕이 성문을 열고, 무장한 군대를 이끌고 나섰다. 그는 해안 요새까지 진군하며 적군을 죽이거나 노예로 만들었다. 또한 검을 들어 길에 숨어 있는 모든 적군을 죽일 것을 명하였다. 마침내 해안 요새 근처에 이르러서는 적군과 마주쳤으나 그들을 대패시켰다. 1만 5천 명의 중국 병사들을 멸하였다. 강물은 핏빛으로 변해 바다로 흘러들어 갔다.

왕은 적군의 퇴로를 봉쇄하기 위해 바다로 군대를 파견하였다. 군대는 많은 병사들을 노예로 삼아 돌아왔는데, 노예의 수가 너무도 많아 늙은이고 젊은이고 셀 수 없을 정도였다. 그들은 보병에서 기병에 이르기까지 1만 명 이상을 노예로 만들었다.

왕은 자신의 군대에게 검을 뽑아 모든 적군을 참수할 것을 명하였다.

그러고 나서 태후르는 쿠쉬의 진영으로 가서 모든 재물을 몰수하였다. 비록 최근 몇 년간 식량과 재물이 고갈되었으나, 이로써 바실라 섬은 다시 보석과 형형색색의 의복으로 가득 찼으며, 산해진미로 넘쳐났다. 군대와 백성들은 이를 즐겼으며, 모두 바실라로 향하였다.

왕은 일주일 동안 그 누구도 들이지 않고 신에게 기도만 하였다. 그가 말하였다.

"순결하고 전능하신 신이시여! 그대는 생명을 낳았으며, 모든 피조물에게 자애롭습니다. 모든 선(善)과 영화는 그대의 것입니다. 그대는 박해받는 자에게 힘을 주시고, 도와주십니다. 오직 신만이 힘이 있으시며, 우리는 그렇지 못합니다. 적군을 여기에게 멀리 보내신 것은 그대입니다. 악마의 자식을 밤에 도주하게 하신 것도 그대입니다. 모든 이들이 저보다 강하기에, 비록 신께서 나의 왕국에 고통을 안겨 주셨다 할지라도 이 적군을 쫓아 주셨기에 이제 천 번의 감사 인사를 올립니다."

그는 8일째 되는 날 군대를 (궁전으로) 초대하였으며, 많은 돈을 가난한 백성들에게 나눠 주었다.

가람이 그의 아버지에게 돌아오자 왕은 그에게 명했다.

"갑옷을 벗지 마라. 군대와 많은 함선을 준비하여 중국 국경 근처로 가라. 여기에서 도주한 악마의 얼굴을 가진 자가 어떻게 되었는지 보고 오라. 이 섬에서 스스로 도주한 자가 누구인지, 마친의 국경 수비대를 따라 떠난 자가 누구인지 알아오라. 산으로 보낼 자들과 그들에게 필요한 갑옷과 무기가 무엇인지 알아오라."

(신라군은) 그 주에 배를 만들어 떠날 채비를 하였다.

페리둔의 승리, 자하크의 감금에 대해 아버지에게 보내는 프라랑의 서신

월초에 새로운 왕(페리둔)의 어머니로부터 갑자기 전갈이 도착하였다. 태후르처럼 한때 고초의 세월을 보낸 그의 딸 프라랑이 보낸 것이었다.

영예로운 왕이시여! 행복이 그대와 같이할 것입니다.

나의 아들은 지금 영화를 누리고 있습니다. 페리둔의 왕국을 축하해 주십시오. 페리둔은 신의 도움으로 산상 전투에서 승리를 하여 승승장구하고 있습니다.

그는 일격에 자하크를 격퇴시키고, 그의 손과 발을 쇠줄로 묶었습니다. 지금 자하크는 그곳에 감금되어 있습니다. 그곳의 전 요새가 그의 감옥입니다. 그의 목에도 쇠줄이 감겨 있습니다. 이 세상이 끝나는 날까지 그 누구도 쇠줄을 풀지 못할 것입니다. 그 어떤 마술로도, 그 어떤 마법으로도 쇠줄을 풀 수 없을 것입니다. 우리는 전능하신 신의 축복에 감사합니다.

이 세상을 마법사들로부터 구하여 자하크의 추종자들은

혼적도 남지 않았습니다.

    왕이 자하크의 모든 재물을 빼앗아 가난한 백성들에게
전부 나누어 주었습니다.

이 소식을 들은 태후르 왕은 과거의 모든 슬픔을 잊고 매우 기
뻐하였다. 그는 행복에 겨워 눈물을 흘리다 의식을 잃고 말았다.
의녀가 그의 얼굴에 물을 뿌렸다. 그는 의식이 돌아왔지만, 다시
바로 혼절하였다.

왕은 그 서신을 군대 앞에서 읽을 것을 명하였다. 군대의 행복
한 울음소리가 태양에 닿았으며, 그들은 외쳤다.

"새로운 왕 페리둔이 승리를 쟁취했도다!"

왕은 더 이상 필요한 것이 없을 정도로 많은 선물을 전령에게
내렸다. 또한 그 누구보다도 필요한 것이 많은 가난한 백성들에게
도 많은 것을 나누어 주었다.

왕의 내린 보물로 도시들이 번성하였고, 백성들은 부를 만끽하였
다. 도시들의 모든 백성은 세상의 왕 페리둔을 기념하며 먹고 마셨다.

태후르가 전능하신 신에게 기도하다

이제 우리는 아비틴의 이야기를 마치고, 쿠쉬와 페리둔에 대해 이야기를 시작할 것이다. 나는 이 옛날이야기를 듣고 전하는 것이다.

태후르는 배를 완성하자 바다에 띄웠다. 그는 군대에게 떠날 채비를 하라고 명한 뒤, 왕의 자리를 내려놓았다. 그리고 신을 매우 칭송하며 수천 번 기도를 올렸다.

그 후 왕은 주위의 사람들에게 말하였다.

"마침내 신께서 우리의 슬픔을 거두셨소. 신은 전지전능하시며, 현명하시며, 우리를 수호하시오. 그는 하늘과 땅을 관장하시며, 우리를 행복하게 해 주시며, 우리를 세상에서 자랑스럽게 만들어 주시오. 그러한데 우리가 어떻게 그를 숭배하지 않을 수 있겠소? 우리가 어떻게 그의 은총에 감사하지 않겠소? 그의 전능함은 그로부터 나오는 것이오. 그의 전능함에서 그의 보물에 이르기까지 그에게 귀속된 모든 것은 그로부터 나온다오. 피조물은 신이 정한 질서대로 그 전철을 밟아 간다네. 우리는 모든 행복한 날들에 행했던 행동에서 교훈을 얻어야 하오. 그대가 영화롭고 행복한 때에도, 우리의 모든 것은 이 산과 요새의 감시 초소, 이 바다에 의존하였소. 우리의 선조들 중 그 누구도 여기에서 증오를 꿈꾸지 않았소.

무엇이 일어나든 신의 뜻이니, 이 산과 이 비옥한 땅에서 일어나는 모든 일들은 신께서 일으킨 것이오. 신은 마침내 매우 추악하고 그 용모가 인간을 닮지 않은 적을 우리에게서 쫓아 주셨소. 그는 우리의 모든 도시들을 파괴하였고, 우리의 영웅들과 고관들을 죽였소. 그는 젊은 여자이든, 늙은 여자이든 가리지 않고 사로잡아 중국과 대중국으로 보냈소. 우리가 갑자기 불운과 고난을 겪은 것은 이 적 때문이오. 그러나 우리는 다시 한 번 신의 자비의 대상이 되었으며, 적을 대패시켰소. 낮과 밤의 창조주께서는 적을 내버려 두지 않으셨소. 결국 나의 손자가 나를 행복하게 해 주도록 하셨소. 페리둔은 자하크에게 승리하여 그를 다마반드(Damavand)*의 부얀(Buyan) 산에 감금하였소. 그(자하크)는 결코 풀리지 않는 쇠줄로 묶여 있고, 자하크의 보물과 궁전은 모두 약탈되었소. 사악한 자들은 이제 모두 이 세상에서 사라졌소. 페리둔이 모든 사악한 자들과 마법사들을 파멸시켰기 때문이오. 시간이 우리의 편이라면, 지금부터 우리는 번영을 누릴 것이오. 우리 모두는 이 두려움을 우리에게서 쫓아 주신 신에게 감사해야만 하오. 원한 뒤에 자비를 베푸신 분은 그이며, 그는 우리를 악마의 얼굴로부터 구해 주셨소.

---

* 다마반드는 이란에서 가장 높은 활화산으로 페르시아 신화의 성소이다. 이 산은 카스피 해 남쪽과 테헤란 북동쪽 66킬로미터 부근에 위치한다.

신은 우리의 땅을 그의 파괴로부터 구해 주셨소. 그는 사악한 자하크를 노예로 만들었소. 지금부터 신에게 성의를 다할 것이며, 신만을 섬길 것입니다. 그리고 가능한 한 선량한 사람이 되겠소. 지금 우리는 우리의 운명이 바뀌었기에 군대를 준비해야만 하오. 전중국을 통치하기 위해 바다를 무사히 건너도록 신께서 도와주십시오.

불행하고 슬픈 사람들이 노예로 전락하여 중국으로 떠났소. 우리는 그들 모두를 찾아 이곳으로 데려와야만 하오. 또한 우리는 받은 만큼 되갚아 줘야 하오. 지금 쿠쉬는 용기를 잃었으니, 날개가 꺾인 매와 같소. 과인은 중국의 약탈품으로 바실라와 이 산에 중대한 임무를 수행할 것이오. 그리하여 이 모든 사람들이 그것을 믿을 것이오. 과인은 중국에서 많은 보물(약탈품)을 가져올 것이며, 필단단(코끼리 이빨)의 심장을 피로 채울 것이오. 또한 과인은 중국과 마친으로부터 많은 조공을 받아서, 그 돈으로 이 나라를 재건하고 군대를 강화할 것이오."

모든 병사들이 이 말을 듣고 기뻐하였다. 모든 이들이 그에게 복종할 것을 선언하였다.

군대는 페리둔의 축복받은 운명으로 (다시) 용기를 되찾았다. 여우와 같던 그들은 돌연 사자로 변하였다. 왕의 말이 끝나자마자 군대는 바다로 출정할 준비를 하였다. 수십만 명의 병사들이 바다를 건넜다. 모든 병사들은 용맹했으며, 복수할 준비가 되어 있었다.

(바실라 섬으로부터) 태후르의 출정과 중국 및 마친의 점령

태후르는 바다를 건너 마친으로 갔다. 마친은 섬(신라)의 이웃 나라였다. 그는 군대에 모든 전쟁 무기를 보급한 뒤, 그들을 섬에서 출정시켰다.

그는 3년 동안 중국과 마친의 국경을 약탈하였다. 보이는 것은 무엇이든지 빼앗았다. 그리고 남아 있는 바하크와 그 무리들에게 부와 명예를 주었다. 태후르는 너무도 많은 보물과 재물을 얻어 바다가 그 무게를 감당하지 못할 정도였다. 이제 섬(신라)은 물, 정원, 경작 등에서 이전보다 더욱 발전하였다.

마친의 원로들은 그의 공정함을 보자 매우 기뻐하였다. 그들은 한 명도 쿠쉬의 편에 서지 않고 태후르와 동맹을 맺었다.

원로들은 쿠쉬의 명령을 받들지 않았다. 다만 조정 근위대만이 그들의 왕에게 여전히 충성하였다. 태후르가 군대에서 누구를 호출해 물어봐도, 모든 이들은 쿠쉬를 폭군이나 불경한 자라 불렀다.

쿠쉬는 소규모 군대만 거느린 채 콤단에 체류하였다. 쿠쉬는 그의 군대가 적은 것이 걱정되어 밤낮으로 손톱과 입술을 물어뜯었다.

태후르 왕의 사람들과 가람이 왕이 되다

그렇게 7년이 흘렀다. 태후르는 늙고 병들었다. 그는 자신의 병사 중 한 명을 장군으로 임명하여 용맹한 군대를 지휘하게 하였다. 그 후 마친의 국경에서 돌아와 질병으로 고통받으며 두 달을 보냈다. 마침내 석 달째, 그는 죽었다. 그는 저세상으로 떠나며 가람에게 왕위를 남겼다. 용맹한 가람은 아버지의 왕위를 계승하고 아버지의 왕관을 썼다.

이것이 세상의 이치이다. 왕좌는 어느 누구에게도 영원하지 않은 법이다. 그러한 일은 누구에게도 마찬가지다. 한 사람이 떠나면, 또 다른 이가 그의 자리를 대신할 것이다. 세상이 그러하며, 그 결말은 아무도 모른다. 사람은 그의 삶 전부를 경험하지 못한 채 떠날 것이다. 그리고 그대는 누가 영생할지 알고 싶어 하지만, 그것은 오직 신만이 알고 있다. 그대가 궁을 짓기 시작하지만, 내부까지 완공할 시간이 없음을 알게 될 것이다.

가람이 왕위를 계승하자, 마치 그의 아버지를 보는 듯했다. 아들이 명망 높은 아버지와 닮았다는 것은, 동시에 그의 어머니를 닮았다는 것을 의미한다.

가람은 아버지의 보물 창고를 열어 자신의 군인들에게 마음껏 나눠 주었다. 그리고 용맹한 자들로 가득한 군대를 이끌고 바다를 건너갔다. 그의 아버지 시대에 중국으로 진군했던 군대가 그에게 합류하였다. 그는 마친에서도 왕좌에 올라 보물을 나눠 주었다. 그가 나눠 준 보물로 나라를 재정비했으며, 신하들에게도 잘 대해 주었다.

페리둔의 왕국과 태후르에게 보내는 그의 서신

자하크 편에 섰던 그 누구도 살아남지 못했다. 그런 다음 페리둔은 왕위에 올랐다.

왕위에 오른 페리둔은 태후르에게 기쁜 소식을 전하기 위해 사신 편에 서신을 보냈다.

사신이 바실라에 도착했을 때 태후르는 이미 죽은 뒤였다. 태후르의 왕위는 가람이 이어받았다.

사신이 군대 앞에서 서신을 읽자, 가람은 사절단의 머리 위로 금화를 뿌릴 것을 명하였다. 또한 마음씨 고운 사신이 과분함을 느낄 만큼 많은 선물을 하사했다. 그리고 나서 사신을 극진히 대접하였고, 특별한 자애로움을 보였다.

가람이 페리둔에게 선물을 보내며, 해양 말들을 극찬하다

가람은 아버지의 보물 창고를 열어 수많은 귀한 물건들을 꺼냈다.

운이 좋은 사령관(왕)인 가람은 아버지의 보물 창고에서 옥좌 세 개를 꺼냈다. 한때 쿠쉬가 태후르에게 보낸 터키석 옥좌, 그 누구도 살아생전 본 적이 없는 황옥으로 만들어진 옥좌, 아무도 소유한 적이 없는 태양과 같이 빛나는 황금으로 만들어진 옥좌 등이었다. 특히 황금 옥좌는 루비, 터키석, 산호, 석류석으로 장식되어 있었다.

또한 가람은 상아로 만들어진 10개의 옥좌 위에 각각 왕관을 올려놓았다. 중국 비단 수천 필과 독이 묻은 수천 개의 검, 매듭이 없는 신제품의 갑옷 수만 개, 중국 비단 의자 수천 개, 왕실 말 수천 필, 향기로운 티베트산 사향 수천 개, 날카로운 치명적인 단검 수천 개, 밤에 빛과 같이 환하게 반짝이는 루비 100조각, 왕들조차 꿈꾸지 못할 순백의 진주 100개도 가져왔다. 또한 왕이 명하여 준비한 다람쥐와 흑담비 모피 100필도 있었다. 그들은 여러 모피 제품 중 만 필을 골랐으며, 아름다운 중국 여인과 타타르 여인 수백 명도 선발하였다. 회양목을 닮은 몸매를 지닌 여자 노예들이 120명도 있었는데, 그들 모두는 춤과 악기 연주에 능하였다. 그들의 매력과 교태는 사람을 황홀하게 만들 것이다.

또한 왕은 관례에 따라 해양 말 100필을 뽑았다. 기수가 명석한 경우 말들은 각각 하루에 100파라상(약 600킬로미터)을 달릴 수 있다. 그는 바다에서 새와 같이 날고 있는 수컷 말을 데려 왔다. 말의 몸통은 마치 산과 같았으며, 밤과 같이 어두웠다. 네 다리는 돌과 같았다. 머리는 마치 얼룩말과 같았으며, 검은색을 띠었다. 얼굴은 은과 같이 반짝였다. 말의 꼬리와 갈기는 마치 갓 짝짓기한 새와 같이 구불구불하였다. 말들은 움직임이 바람과 같이 빠르고 도약이 날렵하였으며, 사자와 같이 달렸다. 그들이 싸울 때는 마치 구름 속의 번개와 같았다. 말들은 공격할 때 마치 매와 같았으며, 사자와 같이 용감하였다. 전장에서는 지치지 않았으며, 두려움이 없었다. 바다에서는 고래와 같이 강했으며, 산에서는 표범보다 더 날렵하였다. 말들의 검은색은 까마귀를 놀라게 했으며, 그 속력은 매를 당황하게 하였다. 말들은 날카롭고 불과 같이 뜨거웠다. 그들은 수컷 공작과 같이 아름다웠으며, 그 갈기는 움직이면 땅에 닿았다. 영리한 사람들은 그러한 창조물을 보는 것만으로도 놀랐다.

시야보쉬의 말을 베흐자드(Behzad)라고 불렀으며, 이들은 말 중에서도 진정한 말을 의미했다.

페리둔의 서신에 대한 가람의 답신

가람은 이 모든 선물을 준비한 뒤 현명한 서기관을 불러 서신을 작성하게 했다. 서신의 서두에는 극진한 환영과 신에 대한 숭배를 표하였다.

신은 그의 모든 피조물에게 고통과 시련을 안겨 주시며, 일곱 하늘과 일곱 별의 창조주이십니다. 그에게서 모든 희망과 약속이 나오니, 나는 오직 그를 칭송하고 그에게 희망을 겁니다.

그(神)가 이번에 우리에게 주셨으니, 상서롭고 영예로운 왕, 페리둔이여!

자하크에게 선조의 복수를 한 페리둔이여! 그대가 세상에 종교를 부흥시켰습니다. 소의 머리를 한 무리에게 일격을 가해 악마와 마법사들의 무릎을 꿇렸습니다. 이로 인해 잠쉬드의 영혼은 행복해졌습니다. 중국의 영웅들은 그대의 이름을 듣는 것만으로도 두려워합니다.

수천 년 동안, 우리의 선조들은 이러한 꿈을 꾸었습니다. 우리의 선조들은 이러한 꿈을 실현하기 전에 죽었습니다. 그들은 모두 이러한 날을 희망했습니다.

지금 나의 왕국에 이러한 일이 일어났습니다. 나는 전지전능하신 신에게 감사해야 할 것입니다.

뱀을 어깨에 얹은 이(자하크)가 살해되었다는 좋은 소식을 위해서라면, 설령 나의 운명이 가난한 백성들에게 바쳐진다 하여도 주저하지 않을 것입니다.

나는 왕께서 늘 승리하시길 바랍니다. 그대의 나날이 노우루즈(Nowruz)* 처럼 축복이 가득하기 바랍니다. 또한 나는 빛나는 왕의 운명과 같은 일들이 우리에게 일어나기를 바랍니다.

페리둔이 이란의 모든 마법사들을 숙청하였을 때, 모든 고난이 달콤함으로 바뀔 것입니다. 중국의 악마의 자식(쿠쉬)을 숙청하세요. 나는 그의 종족이 이 세상에서 몰살되기를 바랍니다.

영예로운 왕이시여! 그자가 우리에게 어떠한 압박을 가했는지 확실히 들으세요. 지금 그 악마가 피를 빨아먹은 지 700년이 지났습니다. 세상의 통치자가 그의 백성들을 탄압

---

* 노우루즈는 이란어 Now(새로운)과 Ruz(날)의 합성어로 새날, 즉 새해라는 뜻이다. 노우루즈는 조로아스터교에서 가장 큰 절기인 봄을 맞이하는 춘분을 뜻하며, 새로운 생명의 소생을 기념하고 악마의 어두움을 걷어 내는 축제가 열리는 날이다. 노우루즈는 원래 3주에 걸쳐 대규모로 진행되는 절기였다. 축제 기간에는 곳곳에 불을 피워 놓고 광대와 가면놀이꾼, 놀이꾼, 춤꾼 등 다양한 사람들이 어느 곳에서든지 축제를 즐기곤 하였다.

했습니다. 그는 중국과 마친에서 귀한 것은 무엇이든 몰수하였습니다. 그는 쾀단에서 모든 것을 그의 소유로 만들었습니다. 그는 부유한 사람들을 가난하게 만들었으며, 종교적인 사람들을 배교자(背教者)로 만들었습니다. 그는 신이 아니라 우상을 숭배했습니다. 지금 그대가 가서 식견이 탁월한 왕으로부터 우리를 구하세요.

그 누구도 그에게 맞설 수 없습니다. 그에게 대적할 수 있는 건 오직 그대입니다. 그는 잔인하고 부도덕하기 때문에, 화를 낼 때는 마치 불과 같습니다. 전쟁과 전투에서 그는 용맹한 자들의 기상을 떨어뜨립니다. 아마도 이 세상의 정복자, 그대만이 이 문제를 해결할 수 있을 것입니다.

그대의 신하로부터 악을 제거한다면, 신의 뜻으로 전지전능하신 신이 그대에게 은총을 내릴 것입니다.

페리둔에게 간 가람의 사신

(페리둔의) 사절단은 많은 선물을 받고 떠날 채비를 하였다. 사절단이 출발하여 아몰(Amol)*에 도착하자 그곳에 멈추어 천막을 세웠다.

사신이 페리둔에게 (먼저) 가서 가람에 대해 많은 것을 보고하였다.

"소신이 바실라 산에 황급히 도착했을 때, 태후르는 이미 돌아가셨습니다."

"가람은 위세 당당하게 왕위를 계승하였습니다. 그는 현명하며 식견이 뛰어난 젊은이입니다. 전하의 서신을 보자 서신에 입을 맞추며 매우 기뻐하였습니다. 왕의 이름이 공표되자, 그의 군대도 기뻐하였습니다. 그는 전하를 기념하며 2주 이상 술을 마셨습니다. 그러고 나서 (가람) 왕은 자신의 보물을 가져와서 그것을 모두 전하께 직접 전하라 하셨습니다. 재화와 보물, 말 수천 필 등 유례가 없는 보물이었습니다. 선대 왕 그 누구도 그러한 재물을 보지 못하였습니다."

페리둔은 그 소식을 듣고 흡족해하며 환영 군대를 보냈다.

가람의 사신이 조정으로 왔다. 그는 '왕들의 왕'의 옥좌에 입을 맞추었다. 페리둔은 수많은 재물과 옥좌를 보자 가람의 자애로움에 기뻐하였다. 그는 황금으로 된 곳에 그 왕실의 터키석 옥좌를 놓았다. 왕은 터키석 옥좌에 앉아 미소를 지으며 그의 군대에 말하였다.

＊ 아몰은 이란 북부 카스피 해 남안 마잔데란 지방의 마을 이름이다.

"나는 영화로운 운명의 승리자가 될 것이다. 일곱 개의 영토들이 이 터키석 옥좌에 감사를 표하리라."

그는 '이 터키석 옥좌가 어디에서 가람에게 갔는지' 물었다. 사신이 대답하였다.

"이 어좌는 필단단(코끼리 이빨)이 태후르께 선물한 것입니다. 쿠쉬는 그에게 공포를 불러오기 위해 이 옥좌를 거짓으로 선물했습니다."

페리둔은 그 옥좌에 소원을 담으며, 전투에서 승리할 것을 다짐하였다. 그리고 나서 보물 창고에 모든 선물들을 넣고, 사신을 두 달 동안 환대하였다.

가람의 서신에 대한 답신과 선물을 보내다

페리둔은 가람이 왕이 될 만한 사람이라 생각하였다. 황금으로 만들어진 의복, 왕관, 옥좌 등 많은 물건들을 가람에게 보냈다. 자유의 깃발과 황금 검들, 진귀한 보석들로 장식한 왕실 허리띠도 있었다. 특히 사자를 닮은 살아 있는 코끼리도 보냈다. 코끼리는 공격할 때에 마치 불과 같았으며, 사자와 같이 민첩하였다. 몸체는 산보다 더 컸으나 바람과 같이 날렵하였다. 그것은 매우 강력했으며, 힘이 대단했다. 두 손과 발은 마치 은 기둥과 같이 견고했으며, 두 상아 이빨은 나무와 같았다. 두 눈은 피와 같이 빨갰다. 걸을 때 그것의 발밑 땅이 푹 꺼졌으며, 그것의 숨과 입의 거품 때문에 날 씨가 어두워졌다. 소와 물고기는 그것의 육중한 무게에 두려워할 것이다. 그것의 흰색은 산 정상의 눈을 부끄럽게 만들었다. 늑대 는 그것의 몸체가 두려워 도망칠 것이다. 그것의 상아는 치명적이 었다. 전쟁 시에 그것은 십만의 기병들을 상대할 수 있을 것이다. 페리둔은 코끼리 등에 천을 한 장 깔았으며, 그 천은 비단으로 장 식되어 있었다. 코끼리 위에는 왕실 보석으로 장식된 깃발과 함께 황금 가마를 얹었다.

서신에 페리둔은 가람을 '마친의 왕'으로 임명하였으며, 그에게 걸맞은 많은 선물을 보냈다. 그는 (사절로 가는) 나스투흐에게도 코 끼리부터 황금 가마에 이르기까지 모든 재물을 하사하였다.

페리둔이 말하였다.

"국경에 도달하면, 가람 왕이 환영할 것이다. 이 모든 선물들과 기병들을 그에게 보낸다."

왕은 서신을 쓸 것을 명하였다.

태양과 달의 창조주의 이름으로,

아무런 도움 없이 하늘을 지키고 계신 분, 구름과 부는 바람의 창조자시여!

또한 페리둔은 그가 보낸 '사신과 서신, 가람의 모든 자비로움을 받았다'라고 언급하였다. 그는 이 모든 선물을 온전히 받았다고도 전하였다.

나는 이 모든 선물들을 보았으며, 마음에 들었습니다. 나는 그대의 지식과 생각, 또한 그대의 아름다운 보물에 만족했습니다.

사실 그대는 나의 존경하는 외숙부이시며, 마친에서 그대는 나의 계승자입니다. 그대는 (이제) 마친과 동양의 왕입니다.

또한 나는 중국을 쉬루이에게 위임하였습니다. 쉬루이가 그곳에 도착하자 그곳에서 보물과 무장한 병사들이 그를 도왔습니다. 그가 악마의 자식을 처단할 것입니다. 신의 뜻으로 그의 종족을 멸할 것입니다. 그의 신하들이 쿠쉬를 제거할 것입니다. 세상이 우상숭배를 쓸어버릴 것입니다.

그대는 정기적으로 나에게 사신을 보내 안부를 전해 주세요. 나에게 그대의 상황을 알려 주세요.

그는 사신을 불러 황금 의자에 앉게 하고, 너무도 많은 선물과
일행을 주었다.

나스투흐의 트란속시아나(Transoxiana)*로의 출정

페리둔은 아몰에 주둔하고 있는 그의 군대가 나스투흐와 함께
할 것을 명하였다. 사흘 밤낮을 군대를 소집하여, 나흘째 새벽에
정해진 지점들을 통과하였다. 나스투흐는 트란속시아나에 도착할
때까지 신속하게 이동하였다. 그는 투란의 국경을 향해 진군하였
다. 그곳에는 마친과 중국으로 각각 향하는 두 방향의 군대가 있
었다.

페리둔 왕이 나스투흐에게 준 모든 것은 가람을 위한 것이었다.
그는 이 모든 것을 가람의 신하들에게 주었다. 나스투흐는 가람의
신하들에게 별도로 서신을 쓰고 진귀한 물건들을 더 주었다.

그는 이렇게 썼다.

* 트란속시아나는 고대 중앙아시아 지역의 일부로, 시르다르야 강과 아무다르야 강 사이에 위치한
지역이다. 현재는 우즈베키스탄 대부분, 타지키스탄 대부분, 카자흐스탄 남서부를 포함하는 지역이다.

영예로운 왕(페리둔)이 배신자 쿠쉬에게 복수하기 위해 나에게 중국을 주었습니다.

인장 찍힌 왕의 서신이 그대들에게 도달하면, 그대들이 보유한 모든 군대를 나에게 보내세요. 그리고 가능하다면 중국에 와서 나와 합류하십시다.

우리 계획을 알아차리기 전에 악마의 얼굴과 싸울 준비를 하십시다. 우리가 연합하면 코끼리 이빨은 불운해질 것입니다. 우리는 콤단을 빼앗고 파괴할 것입니다. 그렇게 되면 이란 왕(페리둔)은 행복하게 될 것입니다.

페리둔의 선물이 가람에게 도착하여 나스투흐와 합류하다

사신은 마친에 있는 가람에게 당도할 때까지 밤낮을 서둘러 달려갔다.

가람은 사절단과 왕의 선물이 도착했다는 소식을 전해 듣자, 기뻐하며 일어섰다. 그는 옥좌에서 내려와 말에 올랐다. 그리고 고관들 및 수천 명의 기병들을 데리고 사신을 환영하러 갔다. 그는 상을 차리고 풍악을 울려 사신을 영접하였다.

모든 이들이 경의의 표시로 말에서 내려 사신에게 인사를 하고

자 다가갔다. 가람이 영예로운 페리둔, 즉 행운을 타고난 영광스러운 왕의 안부를 물었다. 사신이 답하였다.

"전하의 행운 덕분으로 왕께서는 안전하며 건강합니다. 전하의 자애로운 누이(프라랑 공주) 또한 잘 지내십니다. 그 두 분은 전하와 다른 친지들에게 안부를 전하셨으며, 또한 원로와 젊은이들(만백성들)이 전하에게 안부를 전하였습니다."

그들은 도시로 돌아가서 술과 풍악을 즐겼다. 그들은 너무도 많이 마셔서 취하였다.

가람은 신의 섭리를 예견하여 행복과 기쁨이 보이는 길일을 택하였다. 그리고 그는 페리둔이 보낸 왕실 의복을 입고, 왕실의 왕관을 썼다. 선물로 받은 왕실 허리띠를 매고, 무시무시한 코끼리 위에 올랐다. 가람 왕의 머리 위에는 많은 보석, 향수, 사프란이 뿌려졌다.

군대에서 백성에 이르기까지, 모든 이들이 페리둔의 영광이 바실라에 미치고 있음을 알게 되었다.

가람은 그 서신을 읽자 즉시 선발대를 출정시켰다. 또한 또 다른 군대를 준비하게 하고, 많은 선물을 하사하였다. 재물이 더 이상 필요치 않을 정도였다.

가람은 길일을 잡아 군대를 출정시켜 나스투흐를 향해 진군하였다.

그들은 만나자 서로 포옹하였다. 나스투흐는 왕의 안부와 여독에 대해 물어보았다. 이에 왕이 답하였다.

"그대의 행운 덕분에 과인은 괜찮소. 과인의 여독은 행운을 타고난 그대의 얼굴과 그대의 친절함을 보자 해소되었습니다."

영예로운 가람이 환영회를 베풀고 나스투흐와 그의 용맹한 동료들에게 많은 선물을 주었다. 그들은 사흘 동안 행복하게 지냈다. 풀피리와 류트(현악기의 일종) 소리를 듣고, 매와 치타를 사냥하며 바쁘게 지냈다. 그들은 밤낮으로 쿠쉬(즉 그의 만행과 얼굴)에 대해서도 이야기하였다.

그러고 나서 그들은 군대를 이끌고 콤단으로 진군하였다. 도시 근처에 도달하자 나스투흐가 쿠쉬에게 보내는 서신을 썼다.

나는 그대가 자하크의 구금에 대해 전해 들었다는 사실을 알고 있소이다. 물론 악마의 자식의 종족 중 그대만이 유일하게 남았소. 만약 그대가 항복하여 쇠고랑을 차고 나온다면, 그대는 자하크와 달리 왕의 사면 대상이 될 것이오. 허나 만약 그대가 항복하지 않는다면, 나는 이 용맹한 기병들과 그대의 목숨을 끊을 것이오.

쿠쉬가 서신을 받자 역관이 통역하여 낭독하였다. 쿠쉬는 무례하게 답신을 작성했다.

나는 자하크와 같이 약하지 않소이다. 그리하여 페리둔이
나를 잡지 못할 것이오.
내가 그대들 모두를 전멸시킬 것이오.

(나스투흐) 장군은 화가 나서 얼굴을 찌푸리고, 쿠쉬에게 적개심을 품었다.

그는 그날 당장 군대를 이동시켰다. 전쟁을 알리는 번개와 같은 함성이 들렸다. 그들은 하루 종일 이동하여 도시로부터 1마일 떨어진 곳에 도달하였다.

쿠쉬가 군비를 갖춘 (나스투흐의) 군대를 보았을 때는 그들이 이미 막사를 치고 도시를 둘러싼 뒤였다. 쿠쉬는 기병 1만과 도시의 신하들에게 성문 밖으로 나가 그들과 싸울 것을 명하였다.

양군은 모두 강하였다.

쿠쉬는 이들 외에도 늙은이와 젊은이가 포함된 군대(일반군)를 만들었으며, 그들에게 검, 방패, 갑옷을 내렸다. 그는 그들을 군대와 함께 보냈다. 콤단 도시 밖에서는 어떠한 풍악도 울리지 않았다.

한편 쿠쉬는 자신과 함께 전쟁을 치르기 위해 도시 안에 3만 명의 기병을 매복시켰다. 그는 기병들에게 휴식을 취하되, 적과 백성

들로부터 스스로 숨을 것을 명하였다. 그는 전장의 상황을 알 수 없었으며, 검을 가진 병사들을 얻을 수도 없었다.

군대가 콤단 밖으로 나가자, 그들은 적 앞에 산과 같은 진영을 갖추었다. 양 진영은 흙과 피가 범벅이 될 정도로 맞서 싸웠다. 검이 부딪히는 소리와 화살이 비 오듯 떨어지는 소리가 끊임없이 많은 생명을 앗아 갔다. 전쟁은 이렇게 두 달이나 지속되었다. 양 진영에서 많은 이들이 죽거나 부상을 당하였다.

나스투흐 장군과 가람 왕은 둘 다 전쟁의 지연에 화가 났다. 나스투흐는 도시 밖의 세 곳에서 결정적으로 성패를 좌우할 운송 수단을 준비하였다.

또한 마치 하늘이 무너질 듯이 도시에 새총과 화살이 쏟아졌다.

나스투흐는 전쟁 채비를 마치고 자신의 날렵한 말에 올랐다. 가람은 수천 명의 용맹한 병사들과 함께하였으며, 그들은 역시 모두 날렵한 말을 타고 있었다.

양 진영은 격렬하게 맞서 싸웠다. 나스투흐는 영광스러운 페리둔의 명예를 걸고 쿠쉬의 군대를 급습하였다. 그의 군이 공격을 할 때마다 적의 어깨에 타격을 가했다. 싸움은 점차 나스투흐의 승리로 기울었다. 많은 이들이 죽었다. 그들은 양 떼 무리 속의 늑대와 같이 중국인들을 뚫고 나갔다. 그들의 검이 머리를 베고, 그들의 창이 죽음을 선물하였다.

중국 진영에서 1만 명 이상이 죽었다. 그들 중 일부는 부상을 당하거나 도주하였다. 중국군은 고통 속에 도시로 퇴각하였다. 그들의 입술은 말랐으며, 그들의 안색은 공포로 노랗게 질렸다.

나스투흐는 마치 용과 같이 성문 앞까지 쿠쉬를 쫓아갔다. 그는 쿠쉬의 용맹한 군사들에게 그 어떠한 자비도 보이지 않았다. 그는 페리둔의 이름을 읊조리며 빠르게 이동하였다.

쿠쉬도 군을 이끌고 격렬하게 맞서 싸웠다. 성 안에서 그들을 돕기 위해 전쟁에서 부상당한 동료들까지 몰려왔다.

마침내 나스투흐는 벌판으로 싸우러 나왔던 적의 군대를 도시 안으로 몰아넣었다.

그 후 이란 군대가 전장에서 돌아와 나스투흐에게 합류하자 쿠쉬는 성문을 철저히 닫을 것을 명하였다. 쿠쉬는 그의 사람들을 더 이상 싸우게 못하게 하였다. 그들은 밤낮으로 도시의 방어벽에 대한 경계를 강화하였다. 그들의 울음소리가 너무도 높았다.

나스투흐 장군과 이란인들은 지속적으로 복수를 준비하였다. 그들은 밤낮으로 도시 주변의 경계를 강화하였다. 가끔 활을 쏘거나 바퀴를 던지기도 하였다. 가장 높은 감시 초소들이 투석에 의해 망가졌으며, 이는 그들의 안전을 위협하였다.

그렇게 40일이 지났다. 쿠쉬의 군사들은 대부분 잠과 평화를 잃었다.

용맹한 나스투흐는 생각하였다. 쿠쉬는 그러한 공격(성 밖 전투)에 대해 나쁜 경험이 있기 때문에, 만약 그가 싸우러 성 밖으로 나간다면 그는 모든 군대를 잃을 것이다.

그래서 나스투흐는 중국(다른 지역)에 그의 군대를 파견하여 모든 곳을 약탈하였다. 바실라 군대의 사람들이 그들을 안내하였다. 그들은 모든 곳으로 이란인들을 이끌었다.

만약 누군가 적으로부터 안전하다는 것을 알게 되면 분명 일격을 가할 것이다.

쿠쉬는 나스투흐가 군대에 없음을 알아차리고 심사숙고하였다. 그는 기병을 비롯해 도시의 강인한 젊은이들을 소집하였다. 쿠쉬가 그들을 극진히 대접하며 존경을 표했다.

"이란인 군대는 흩어졌으며, 여기에서 멀리 있소. 그들은 나라를 약탈하며 지금 자신들의 부를 즐기고 있소. 나스투흐 장군은 얼마 안 되는 군대와 남아 있으니, 지금 짐은 그와 싸우길 원한다네. 짐은 지금까지 이 군대를 숨겨 왔소. 그대들을 이 도시에 숨겼소. 나스투흐는 경솔하게 전쟁을 시작하고 성문 가까이에 군대를 데리고 왔소. 그의 군대가 흩어졌을 때 짐은 한 방에 그의 머리를 벨 것이고, 내 생각을 실행에 옮길 것이오. 그렇게 적에게 복수를 할 것이오. 만약 이란인들이 동요하면, 그들 중 아무도 나를 죽이지 못할 거요. 만약 그들이 새와 같이 날 수 있다 하여도, 그들 중 한 명도 살려두지 않을 것이오. 만약 그들이 500파라상을 뛴다 하여도, 만약 그것이 이란과 중국 사이의 거리라 하여도, 만약 신이 이 행복을 우리에게 금한다 하여도, 심지어 그들과 우리의 거리가 사막에 화살을 던지듯 멀다 하여도, 짐은 매와 같이 나스투흐 앞에 나타날 것이오. 그때 우리의 말들은 지치지 않을 것이며, 우리는 상처 입지 않을 거요. 우리는 지금 진심으로 전쟁과 복수를 할 준비가 되어 있는 자들에게 전쟁 무기를 줄 것이오. 우리는 대담하게 임무를 수행할 것이며, 우리는 적의 머리를 땅에 떨어뜨릴 것이오. 만약 운명이 우리를 돕는다면, 우리는 스스로 고난에서 벗어날 것이외다."

젊은이와 용맹한 자들은 왕의 명령에 복종하였다. 모든 이들이 말하였다.

"폐하의 명령을 따르기 위해 우리의 목숨을 바칠 것입니다."

쿠쉬는 완전히 무장한 용맹한 자들의 말에 흡족해하였다.

그는 5천 명의 젊은이들을 선발하여, 그들 모두에게 방패와 무기를 주었다.

쿠쉬가 나스투흐에게 일격을 가해 쿠쉬가 상처 입고 이란인들이 패하다

밤이 되자 쿠쉬는 성문을 열고 신속하게 나갔다. 그 앞에는 10만 명의 기병이 완전히 무장한 채 있었다.

그들은 새벽까지 이란인들의 전후방을 공격하였다. 그들은 갑자기 함성을 질렀다. 방어벽에서도 그와 같은 함성이 들려왔다. 흑단같이 어두운 밤에 쿠쉬의 전쟁을 알리는 함성이 들려왔다.

이란인들은 갑자기 잠에서 깨어났으니, 그 전장이 그들에게는 마치 예수의 부활과 같았다. 그들은 즉시 뛰어나가 검을 들고 말에 올랐다.

모든 군대가 나스투흐 주변에 모여들었다. 그들 모두는 천막을 향해 나아갔다. 두 진영이 서로 엉겨 붙어 많은 피가 땅에 흘렀다. 검이 부딪치는 소리만이 울렸다. 어두운 밤에 창도 화살도 아무 소용이 없었다.

코끼리 이빨은 아자르 고샤스브의 속력으로 미흐라브(Mihrab)*의 복수를 하러 온 듯이 공격하였다. 쿠쉬는 검을 휘두를 때마다

---

* 이슬람 사원 모스크의 네 벽 가운데 신도들의 예배 방향인 메카 방향에 있는 기도 벽감. 크기가 다양하며 화려하게 장식되어 있다.

용맹한 자들이나 이란인의 말들을 죽였다.

나스투흐가 울부짖었다.

"그대, 이 용맹한 자들이여! 그대, 이란의 영웅이여! 그대, 이 승부사들이여! 잠시 멈추고 들으시오. 겁먹지 말고, 전장으로 돌아오시오. 만약 그대가 이 전쟁에서 망설임을 보인다면, 그대 중 그 누가 이란으로 살아서 돌아갈 것이요?"

그의 말에 따라 페리둔의 군대는 어두운 밤에 적군에게 다가갔다. 그들은 해가 산 밑에서 떠오를 때까지 중국인들과 싸웠다.

모래에 뒤덮여 한참을 싸우다 나스투흐는 문득 사방을 돌아보았다. 그의 진영을 비롯해 막사와 무기들은 적의 수중에 들어가 있었다. 그리고 군대의 흔적도, 가람의 흔적도 없었다. 아침 일찍 가람은 이런 상황을 파악하고 바실라로 바람과 같이 퇴각한 것이다. 나스투흐의 병사들도 대거 도주하였다. 보병들은 말굽 아래에서 죽어 갔다. 나스투흐는 자신의 앞에 선 완전히 무장한 군대를 보았다. 피의 강이 그들의 검으로부터 흐르고 있었다.

나스투흐는 매우 화가 나서 수비대와 함께 적을 공격하였다. 그는 긴 창으로 그들을 공격하였다. 마치 피의 강이 콤단 사막에 흐르듯이, 많은 용맹한 중국인들을 죽였다. 그는 중국인들을 엄중히 벌하였으며, 그들을 진영 밖으로 몰아냈다.

쿠쉬가 그 상황에서 나스투흐를 보고 술에 취한 코끼리와 같이

다가갔다. 마치 가벼운 벽돌과 같이 긴 창을 들고 싸우고자 했다.

쿠쉬는 화가 나서 많은 용맹한 자들과 함께 맞서 싸웠다. 그는 자신의 군대를 저주하며 말하였다.

"지금 적이 전멸하였다. 어이하여 그대들은 주저하는가? 만약 그대들이 주저하여 진영이 흐트러진다면, 적군이 승리할 것이다."

쿠쉬는 이 말을 내뱉으며, 말을 몰고 나스투흐를 공격하였다. 그는 전력을 다해 창을 던졌고, 그 창이 말의 금속 안장을 꿰뚫었다. 그러나 말은 상처 입지 않았다.

나스투흐는 그 창을 뽑아 되던졌다. 창은 마치 그의 용맹한 자들의 복수를 하려는 듯이 쿠쉬를 맞췄다.

그러나 쿠쉬는 어떤 반응도 보이지 않았다. 그는 고통의 신음을 내뱉지 않으려 노력했으며, 그의 군대와 합심하여 공격하려 하였다. 그는 계속해서 이란인들을 공격하였으며, 그들을 자신의 검으로 물리쳤다. 그는 그들을 죽이고, 부상을 입혔다. 만약 기병이 그의 앞에서 도주를 한다면, 실로 스스로 목숨을 구한 것이다.

쿠쉬의 군대는 돌연 도주하여 그들의 장군(쿠쉬)만 홀로 남겨졌다. 자신의 군대가 도망가는 모습을 지켜본 쿠쉬는 승패가 결정나지 않은 상황에서 퇴각하였다. 그때 쿠쉬가 말에서 떨어졌다. 피를 너무 많이 흘린 나머지 의식을 잃은 것이다. 남은 고관들과 군대가 슬퍼하며 그의 곁을 지켰다. 그들은 쿠쉬의 몸에서 창을 빼내 소독을 하고 그의 상처를 붕대로 단단히 감았다. 그는 더 이상 싸울 수 없을 것이다.

쿠쉬는 도시로 돌아와 궁으로 쉬러 갔다. 그는 한 달 내내 신음하였으나, 그 누구에게도 말하지 않았다.

바실라로 향한 가람과 왕국, 이란과 이란인들과의 관계는 이 이야기에서 끝이 난다. 나머지는 쿠쉬와 이란의 영웅들 간의 싸움, 사로잡힌 쿠쉬의 후회 그리고 다른 이야기에 관한 것이다.

쿠쉬나메 연구의 향후 과제

쿠쉬나메 연구 진척을 통해 사회에 기여하기 위해서는 커다란 과제가 기다리고 있다.

첫째는 다양한 문화 콘텐츠 창작과 개발이다. 쿠쉬나메의 존재는 이미 국내 언론에 산발적으로 소개되었고, 최근에는 역사 다큐멘터리로도 제작되면서 관심이 증폭되고 있다. 동시에 정확한 문화 콘텐츠를 토대로 연극, 춤, 드라마, 뮤지컬, 애니메이션, 인형극, 동화 등 새로운 창작물을 만들고자 하는 사회적 요구가 늘어나고 있다. 이 책은 이러한 때에 쿠쉬나메의 성격과 내용은 물론, 우선 신라 부분에 관한 정확한 스토리를 정리함으로써 새로운 창작을 위한 기본 텍스트로 사용될 수 있도록 준비되었다.

둘째, 쿠쉬나메 내용에 등장하는 인명, 지명, 전쟁 배경, 지형, 국제 관계 등 페르시아 신화적 요소가 가미된 내용 분석을 통해 신라 사회와의 연관을 논증하는 작업이 필요하다. 이는 그야말로 학제 간 공조뿐만 아니라 이란 학자들과의 장기 지속적인 협력 연구가 뒷받침되어야 할 것이다.

셋째, 쿠쉬나메 필사본과 인쇄본 사이의 오류와 해석의 차이를 밝혀내고, 이를 통해 영문 번역을 완성하여 국제적 저술로 출간하는 일이다. 이는 세계 학계에서 다양한 분야의 관련 학자들이 새로운 영역으로 연구 관심을 넓혀 가게 하는 기초 자료 역할을 할 것이다.

이를 위해 지속적인 연구 지원과 학자들의 참여를 고대한다.

국립중앙도서관 출판시도서목록(CIP)

쿠쉬나메 / 이희수, 다르유시 아크바르자데 [공저]. -- 서울 : 청아
출판사, 2014
   p. ;   cm

ISBN 978-89-368-1052-8 93900 : ₩15000

페르시아 문학[--文學]
신라사[新羅史]

892.6509-KDC5
891.509-DDC21   CIP2013028944

쿠쉬나메

이희수 · 다르유시 아크바르자데

초판 1쇄 발행 · 2014. 1. 5.
초판 3쇄 발행 · 2015. 12. 3.

발행인 · 이상용
발행처 · 청아출판사
출판등록 · 1979. 11. 13. 제9 - 84호
주소 · 경기도 파주시 회동길 363 - 15
대표전화 · 031 - 955 - 6031
팩시밀리 · 031 - 955 - 6036
E - mail·chungabook@naver.com

ISBN 978 - 89 - 368 - 1052 - 8   93900

* 값은 뒤표지에 있습니다.
* 잘못된 책은 구입한 서점에서 바꾸어 드립니다.
* 본 도서에 대한 문의사항은 이메일을 통해 주십시오.